走进民法典

人人都能读懂的民法典

插图版

本书编写组/编

法律出版社
LAW PRESS·CHINA
北京

图书在版编目(CIP)数据

人人都能读懂的民法典:插图版 /《人人都能读懂的民法典(插图版)》编写组编. -- 北京:法律出版社,2024(2025.12 重印).
(走进民法典)
ISBN 978-7-5197-9136-0

Ⅰ.①人… Ⅱ.①人… Ⅲ.①民法-法典-中国-通俗读物 Ⅳ.①D923.04

中国国家版本馆 CIP 数据核字(2024)第 095931 号

走进民法典	**人人都能读懂的民法典(插图版)** **RENREN DOU NENG DUDONG DE MINFADIAN (CHATUBAN)**	《人人都能读懂的民法典(插图版)》编写组 编	策划编辑 周 洁 林 蕊 责任编辑 林 蕊 装帧设计 李 瞻

出版发行 法律出版社
编辑统筹 司法实务出版分社
责任校对 张翼羽 李慧艳
责任印制 吕亚莉
经　　销 新华书店

开本 880 毫米×1230 毫米 1/32
印张 8　**字数** 174 千
版本 2024 年 9 月第 1 版
印次 2025 年 12 月第 2 次印刷
印刷 河北龙大印务有限公司

地址:北京市丰台区莲花池西里 7 号(100073)
网址:www.lawpress.com.cn
投稿邮箱:info@lawpress.com.cn
举报盗版邮箱:jbwq@lawpress.com.cn
销售电话:010-83938349
客服电话:010-83938350
咨询电话:010-63939796

书号:ISBN 978-7-5197-9136-0
定价:49.00 元
凡购买本社图书,如有印装错误,我社负责退换。电话:010-83938349

编写说明

民法典是新中国成立以来第一部以“法典”命名的法律，是新时代我国社会主义法治建设的重大成果，在中国特色社会主义法律体系中具有重要地位，是一部固根本、稳预期、利长远的基础性法律。

为了给全社会学习民法典提供好读、实用的普法读物，我们组织编写了《人人都能读懂的民法典（插图版）》一书。

本书针对民法典广受大众关注的概念、规定、问题，包括“绿色民法典”“离婚冷静期”“头顶的安全”“自甘风险的行为”“夫妻共同债务的认定”“物业管理新规”等，进行了重点关注和介绍。

本书采用以案说法的形式，案例源于真实生活，既有利于读者学习理解民法典，又便于大家学以致用，解决生活中的法律问题。

本书在形式上注意趣味性和知识性的结合。每一个案例都以故事的形式展现，配以场景化的生动插图，避免读者因为法律语言过于生涩而对学习民法典产生畏惧。

本书在资料的选取上，力求覆盖特定群体应知应会的关键问题，既包括最新的热点规定，也包括民事法律传统的重要规定；既有细致的法律规定，也有核心的法律原则要义，有助于读者全面学习掌握民法典核心内容。

希望本书的出版能够引起更多读者学习民法典的兴趣，帮助大家培养遇事找法的习惯，让民法典走到群众身边、走进群众心里。

由于编者能力所限，难免存在疏漏和不尽如人意的地方，敬请读者批评指正。

编者

2024 年 4 月

目　录 Contents

第一编　总则

01　什么是民法典？ / 003
02　有一些民事法律行为违背了社会道德，这种行为是否也违法呢？ / 004
03　民法典的立法目的和依据是什么？ / 005
04　民法典体现了哪些民法基本原则？ / 006
05　有的人为了经济发展，牺牲了生态环境，这种行为违法吗？ / 007
06　自然人的民事权利能力从什么时候开始呢？ / 008
07　“遗腹子”能获得去世父亲的财产吗？ / 009
08　法律上规定的成年年龄是多少岁？ / 010
09　8~18 周岁的限制民事行为能力人，可以实施民事法律行为吗？ / 011
10　3 岁的儿童参加演出，可以与演出公司签订合同吗？ / 012
11　8 周岁以上的未成年人在游戏中进行大额充值，家长有权要求退款吗？ / 013
12　不满 8 周岁的未成年人独自实施的行为有效吗？ / 014
13　父母不承担对未成年子女抚养、教育和保护的义务，会违反民法典的规定吗？ / 015
14　8 周岁以上的未成年人大额充值并打赏主播，父母可以要求退款吗？ / 016
15　8 周岁以上的未成年人纯获利益的行为有效吗？ / 017
16　不满 8 周岁的未成年人可以自己实施买玩具的行为吗？ / 018

17 不满8周岁的未成年人怎样行使继承权？ / 019
18 无民事行为能力、限制民事行为能力的未成年人的法定代理人是谁？ / 020
19 未成年人的父母已经死亡或者没有监护能力的，由谁担任监护人？ / 021
20 有多个具有监护资格的人的，如何确定监护人？ / 022
21 因突发事件等紧急情况，监护人暂时无法履行监护职责，被监护人的生活处于无人照料状态的，怎么办？ / 023
22 父母长期家暴未成年子女的，可以撤销其监护人资格吗？ / 024
23 监护人怠于履行监护职责，导致被监护人处于危困状态的，可以撤销其监护人资格吗？ / 025
24 依法负担被监护人赡养费的人被撤销监护人资格后，还要继续履行给付赡养费的义务吗？ / 026
25 被监护人的父母或者子女被人民法院撤销监护人资格后还有机会恢复监护人资格吗？ / 027
26 基于重大误解实施的民事法律行为效力如何？ / 028
27 农村集体经济组织可以对外签订合同吗？ / 029
28 合作社可以对外签订合同吗？ / 030
29 因被欺诈实施的民事法律行为效力如何？ / 031
30 因受人胁迫被迫实施的民事法律行为效力如何？ / 032
31 显失公平的民事法律行为效力如何？ / 033
32 代理人超越代理范围实施的代理行为效力如何？ / 034
33 离职后的经理仍以签单方式在饭馆消费，其此前任职的公司应该结清该餐费吗？ / 035
34 因正当防卫造成损害的，要承担民事责任吗？ / 036
35 为保护他人使自己受到损害的，可以找谁负责呢？ / 037
36 见义勇为过程中造成受助人损害的，救助人要承担民事责任吗？ / 038
37 未成年人遭受性侵害的损害赔偿请求权的诉讼时效期间如何计算？ / 039

第二编 物权

38 房屋买卖后，未办理过户登记的，是否影响房屋买卖合同的效力？ / 043
39 “一车多卖”的情形下，如何确定车辆的所有权人？ / 044
40 损害他人物品的，应该承担什么责任？ / 045
41 小朋友对自己拥有的物品享有什么权利呢？ / 046
42 离婚判决夫妻共同房屋归一方所有的，必须经过不动产变更登记才享有物权吗？ / 047
43 小区内的车位、车库如何归属？ / 048
44 业主大会、业主委员会的设立可以向什么部门或组织寻求帮助呢？ / 049
45 业主委员会擅自将小区内公用休闲区域出租商用的行为合法吗？ / 050
46 建筑物业主共有部分的维修等费用由谁出？ / 051
47 小区建筑物电梯内广告的收益归谁所有？ / 052
48 村集体的土地被征收后，村民的权利如何保证？ / 053
49 国家对耕地实行特殊保护制度，体现在哪些方面？ / 054
50 村里获得的补偿费应该由谁决定如何分配？ / 055
51 村民委员会应当向本集体成员公布集体财产状况吗？ / 056
52 在楼房内居住的人，在行使自己权利的过程中应该注意什么呢？ / 057
53 不按照垃圾分类要求投放垃圾违反民法典的规定吗？ / 058
54 村民委员会成员私分村集体财产的，村民们应该如何维护自己的权益？ / 059
55 邻居的果树影响了自家的采光，该如何维护自己的权利？ / 060
56 对业主任意弃置垃圾、制造噪声等行为如何处理？ / 061
57 拾得遗失物但找不到权利人该怎么办？ / 062
58 违反国家规定排放大气污染物是违反民法典规定的行为吗？ / 063
59 对拾金不昧这一传统美德，民法典是怎么规定的？ / 064

60 上游的村庄为了灌溉需要，可以改变河流的流向吗？ / 065
61 村委会可以要求村民们统一养殖内容吗？ / 066
62 土地承包经营权到期了，可以继续承包吗？ / 067
63 民法典有什么制度保护村民的土地承包经营权？ / 068
64 土地承包经营权确定之后，还可以互换吗？ / 069
65 土地承包经营权互换、转让的，必须登记吗？ / 070
66 “进城”农民还有土地承包经营权吗？ / 071
67 土地承包经营权可以流转吗？ / 072
68 土地承包经营权人有权从事哪些生产工作？ / 073
69 村民有权变更、修建宅基地上的建筑物吗？ / 074
70 村民的宅基地因为自然灾害灭失的，应该如何保护自身的利益？ / 075
71 民法典新增的“居住权”是什么意思呢？ / 076
72 居住权需要登记吗？ / 077
73 什么是抵押？抵押权怎么实现？ / 078
74 哪些东西可以作为抵押品？ / 079
75 哪些财产是法律规定不能抵押的呢？ / 080
76 担保物毁损、灭失或者被征收的，对担保物权有什么影响？ / 081
77 抵押权人在债务履行期限届满前，与抵押人约定债务人不履行到期债务时抵押财产归债权人所有的，效力如何？ / 082
78 后设立的抵押权影响之前的出租关系吗？ / 083
79 债务人不履行到期债务，债权人可以留置已经合法占有的债务人的动产吗？ / 084

第三编　合同

80 对格式条款未尽说明义务，格式条款效力如何？ / 087

81 网购商品在快递途中、签收前毁损、灭失的风险由谁承担？ / 088

82 什么是悬赏广告？悬赏人有什么义务？ / 089

83 在订立合同过程中，一方存在恶意、隐瞒或其他违背诚信原则的行为的，应承担什么责任？ / 090

84 合同里规定造成对方人身损害也免责的，是否可以不承担责任？ / 091

85 合同成立后，合同的基础条件发生了当事人在订立合同时无法预见的、不属于商业风险的重大变化的，能否解除合同？ / 092

86 因一方违约给另一方造成的损失，受损方可要求赔偿的范围如何？ / 093

87 什么是“定金罚则”？ / 094

88 同时约定违约金和定金的，二者可以同时适用吗？ / 095

89 当事人因为不可抗力不能履行合同的，可以免除责任吗？ / 096

90 商品在交付之前损毁的，由买方还是卖方来承担责任？ / 097

91 试用买卖的买受人试用期届满未作表示的，效力如何？ / 098

92 民法典有直接规定交水费的义务吗？ / 099

93 逾期不交电费的，供电人可以中止供电吗？ / 100

94 在赠与财产的权利转移之前，赠与人可以撤销赠与吗？ / 101

95 赠与他人财产，可以提要求吗？ / 102

96 银行提供贷款，可以要求借款人提供收入证明吗？ / 103

97 高利放贷的行为符合民法典的规定吗？ / 104

98 保证人什么时候可以拒绝向债权人承担保证责任？ / 105

99 怎样理解出租人的“适租义务”？ / 106

100 租赁物需要维修时出租人未履行维修义务，承租人自行维修的，维修费用由谁负担？ / 107

101 出租期间，租赁物损坏的，由谁来维修？ / 108

102 承租人按照约定使用租赁物，租赁物到期报废的，承租人要承担赔偿责任吗？ / 109

103 承租人改变租赁物用途而使用的，是否合法？ / 110
104 房屋在租赁期限内被卖出的，新房主有权让原承租人搬走吗？ / 111
105 什么情况下转租是合法的？ / 112
106 承租人订立合同时知道租赁物质量不合格，租赁物危及承租人安全的，可以解除合同吗？ / 113
107 租赁期限届满，房屋承租人享有以同等条件优先承租的权利吗？ / 114
108 高铁上“霸座”违反民法典的规定吗？ / 115
109 民法典有没有对“无票乘坐”“超程乘坐”等行为进行规范？ / 116
110 旅客行李中夹带危险物品，且不听承运人劝阻坚持携带的，承运人可以拒绝运输吗？ / 117
111 无偿保管中造成保管物毁损、灭失的，无偿保管人要承担赔偿责任吗？ / 118
112 去超市购物，把包放到超市储物柜，这种行为算作保管吗？ / 119
113 替别人保管耕牛，牛生下了一头小牛，小牛归谁所有？ / 120
114 物业公司具体有哪些义务呢？ / 121
115 物业公司有定期向业主公开信息的义务吗？ / 122
116 业主要装修房屋的，需要事先告知物业公司吗？ / 123
117 业主认为自己没有接受物业服务，业主可以不交物业费吗？业主不交物业费，物业公司能够通过断水、断电等方式催交吗？ / 124
118 中介隐瞒房子内曾经有人自杀的情况，让客户购买房屋，客户可以向中介维权吗？ / 125
119 买方和卖方绕过中介，直接签订合同，中介可以要求他们支付中介费吗？ / 126
120 买东西时发现误放入购物袋里未结算的东西，应退回商家吗？ / 127
121 在没有义务的情况下为他人管理事务的，可以要求受益人偿还必要费用吗？ / 128

122 无因管理行为人在无因管理过程中受到损失的，可以向受益人请求适当补偿吗？ / 129

123 消费了饭店误上的食物的，是否需要付钱？ / 130

第四编 人格权

124 损害死者的声誉，是否侵犯其人格权？ / 133

125 编造别人的犯罪故事，四处宣传抹黑，被侵权人如何维护自己的权利？ / 134

126 对损害他人人格权并造成严重精神损害的行为，可否要求承担精神损害赔偿？ / 135

127 因侵害人格权承担消除影响、恢复名誉、赔礼道歉等民事责任的，应以何种方式作出？ / 136

128 自然人死亡后，其他人可以决定捐献其人体细胞、人体组织、人体器官、遗体吗？ / 137

129 为了救命，购买人体器官，这种行为合法吗？ / 138

130 从事与人体基因、人体胚胎等有关的医学和科学研究应注意什么？ / 139

131 对性骚扰行为，受害人可以请求行为人承担民事责任吗？ / 140

132 超市等经营场所可以搜查客户的身体吗？ / 141

133 未经他人许可使用他人名字做广告，是否构成侵权？ / 142

134 有一定知名度的网名受保护吗？ / 143

135 “AI 换脸”侵害人格权吗？ / 144

136 自然人的声音受保护吗？ / 145

137 什么是名誉权？民法典是如何保护公民的名誉权的？ / 146

138 什么是荣誉权？民法典是如何保护公民的荣誉权的？ / 147

139 孩子可以随母亲姓或者其他人姓吗？ / 148

140 新闻报道影响他人名誉的，需要承担责任吗？ / 149

141 垃圾电话、垃圾短信等侵害隐私权吗？ / 150
142 在宾馆发现偷拍摄像头，该偷拍行为是否属于侵害隐私权的行为？ / 151
143 个人信息受到法律何种保护？ / 152

第五编 婚姻家庭

144 父母都是爱自己的子女的，父母在子女婚姻问题上有决定权吗？ / 155
145 法定结婚年龄是多少岁？男女是一样的吗？ / 156
146 亲属之间能结婚吗？民法典有哪些具体的规定？ / 157
147 一方患有重大疾病，在结婚登记前隐瞒另一方的，婚姻效力如何？ / 158
148 夫妻一方可以干涉另一方工作、学习和社会活动吗？ / 159
149 夫妻任何一方可以对子女不管不顾吗？ / 160
150 需要扶养的一方，在另一方不履行扶养义务时，有要求其给付扶养费的权利吗？ / 161
151 夫妻中的一方对外实施了民事法律行为，另一方不同意，该法律行为有效吗？ / 162
152 根据民法典的规定，哪些财产属于夫妻共同财产？ / 163
153 夫妻一方在婚姻关系存续期间以个人名义超出家庭日常生活需要所负的债务，是夫妻共同债务吗？ / 164
154 父母不履行抚养义务的，未成年子女有要求父母给付抚养费的权利吗？ / 165
155 成年子女不履行赡养义务的，父母该怎样维护自己的权利？ / 166
156 未成年子女造成他人损害的，父母需要负责任吗？ / 167
157 非婚生子女与婚生子女享有的权利一样吗？ / 168
158 不直接抚养非婚生子女的生父或者生母，应当负担未成年子女的抚养费吗？ / 169

159 老年人要跟别人结婚的，子女能否阻止？ / 170

160 继父母和继子女之间有怎样的权利义务关系？ / 171

161 可以请求法院确认亲子关系吗？ / 172

162 有负担能力的祖父母、外祖父母，对于父母已经死亡或者父母无力抚养的未成年孙子女、外孙子女，有抚养的义务吗？ / 173

163 “离婚冷静期”是什么？ / 174

164 婚姻内一方被另一方实施家庭暴力的，会被“劝和”吗？ / 175

165 经人民法院判决不准离婚后，还有机会离婚吗？ / 176

166 民法典对于军婚有什么特殊的保护吗？ / 177

167 父母离婚的，未成年子女应该由谁直接抚养？ / 178

168 父母离婚之后，不直接抚养子女的一方应当承担抚养费吗？ / 179

169 离婚后，不直接抚养子女的一方如何行使探望子女的权利？ / 180

170 父或者母探望子女，不利于子女身心健康的，可以要求其中止探望吗？ / 181

171 丧失父母的孤儿可以被收养吗？ / 182

172 照顾家人的全职太太在离婚时可以要求补偿吗？ / 183

173 收养的条件是什么？ / 184

174 受到家庭暴力的一方，离婚后，有权要求赔偿吗？ / 185

175 有父母的未成年人，可以被收养吗？ / 186

176 根据民法典的规定，哪些人能够作送养人？ / 187

177 收养人在被收养人成年以前可以解除收养关系吗？ / 188

178 收养人不履行抚养义务，有虐待、遗弃等侵害未成年养子女合法权益行为的，送养人应该怎么办？ / 189

179 无配偶者可以收养异性子女吗？ / 190

第六编 继承

180 可以放弃继承遗产吗？ / 193
181 什么情形下继承人会丧失继承权？ / 194
182 有些地方有财富“传男不传女”的传统，女孩有继承权吗？ / 195
183 遗产继承的顺序是什么？ / 196
184 侄子也可以继承叔叔的遗产吗？ / 197
185 孙子能代替已故父亲继承爷爷的财产吗？ / 198
186 丧偶的儿媳、女婿可以继承公婆、岳父母的遗产吗？ / 199
187 对被继承人尽了主要扶养义务或者与被继承人共同生活的继承人，分配遗产时，可以多分吗？ / 200
188 自然人生前可以通过立遗嘱的方式将财产赠与法定继承人之外的组织吗？ / 201
189 可以立口头遗嘱吗？口头遗嘱失效的条件是什么？ / 202
190 遗嘱有哪些形式？有多份遗嘱的，以哪一份为准呢？ / 203
191 丈夫去世之后，妻子继承遗产并再婚的，可以带走前夫的遗产吗？ / 204
192 什么是遗赠扶养协议？遗赠扶养协议有哪些内容？ / 205
193 儿子放弃继承父亲遗产的，还需要承担父亲生前的债务吗？ / 206

第七编 侵权责任

194 自愿参加具有一定风险的文体活动受伤的，其他参与者要承担侵权责任吗？ / 209
195 情况紧迫的时候，可以进行自力救济吗？ / 210
196 造成他人人身伤害的，赔偿范围是什么？ / 211
197 小孩造成他人损害的，监护人应承担怎样的责任？ / 212

198 财产被他人侵害的，应该如何计算财产损失呢？ / 213
199 心爱的物品被人损坏，精神上也受到严重损害的，可以请求精神损害赔偿吗？ / 214
200 员工在执行工作任务时造成他人损害的，所在公司应当承担责任吗？ / 215
201 网络服务提供者在网络用户利用网络服务侵权中的责任是什么？ / 216
202 利用网络侵害他人民事权益的，行为人应当承担侵权责任吗？ / 217
203 在宾馆、商场等地方受到损害，可以要求宾馆、商场承担侵权责任吗？ / 218
204 学生在辅导班学习期间受到人身损害的，辅导班要承担侵权责任吗？ / 219
205 孩子在学校被第三人伤害的，谁来承担侵权责任？ / 220
206 无民事行为能力人在幼儿园受到老师的侵害，可以要求幼儿园承担责任吗？ / 221
207 因产品缺陷造成损害的，应该向生产者还是销售者请求赔偿呢？ / 222
208 产品责任中被侵权人有权要求惩罚性赔偿吗？ / 223
209 机动车发生交通事故造成损害的，由谁来赔偿？ / 224
210 借来的车发生交通事故造成损害的，具体赔偿责任如何承担？ / 225
211 开车发生交通事故后逃逸的，具体赔偿责任应如何承担？ / 226
212 搭便车遇交通事故受到损害的，该机动车使用人该如何赔偿无偿搭乘人？ / 227
213 因为医疗事故受到损害的，可以向医院追究责任并要求赔偿吗？ / 228
214 手术前相关治疗风险等情况必须有患者或其近亲属的书面同意吗？ / 229
215 紧急情况下，不能取得患者或其近亲属意见的，医院能否直接实施医疗措施？ / 230
216 患者不配合治疗导致自己受到损害的，医院要承担赔偿责任吗？ / 231
217 医院或医生泄露患者隐私的，应该承担责任吗？ / 232
218 医生在正常诊疗活动中遇到“医闹”，可以要求其承担法律责任吗？ / 233
219 饲养的宠物看管不严，造成他人受伤的，应当承担什么责任？ / 234

220 故意逗狗人因被逗小狗遭受损害的，由谁承担侵权责任？ / 235

221 遗弃、逃逸的动物造成他人损害的，由谁承担侵权责任？ / 236

222 因为环境污染受到损害，可以要求侵权人承担责任吗？ / 237

223 未经许可进入高度危险活动区域，导致自己受伤的，还能要求管理人承担责任吗？ / 238

224 民法典如何保障“头顶上的安全”？ / 239

225 被果树上掉下来的果子砸伤了，可以要求谁来赔偿呢？ / 240

第一编　总则

总则编规定民事活动必须遵循的基本原则和一般性规则，统领民法典各分编。

总则编与民法总则的结构和内容基本一致，只有个别条款作了文字修改。

民法通则是民事法律活动的一般规则，总则编的很多规定替代了民法通则的内容。

总则编共10章、204条。

01 什么是民法典？

2020 年 5 月 28 日，民法典正式通过，并于 2021 年 1 月 1 日正式实施。大家都在讨论的民法典究竟是个什么法律？

民法典规定，为了保护民事主体的合法权益，调整民事关系，维护社会和经济秩序，适应中国特色社会主义发展要求，弘扬社会主义核心价值观，根据宪法，制定本法。民法典被称为“社会生活的百科全书”，我们遇到的民事法律问题，都可以从中找到答案。

民法典第1条

02 有一些民事法律行为违背了社会道德，这种行为是否也违法呢？

高龄一直没有恋爱的经验，最近总被催婚，于是她报名参加了一个“魅力提升学堂”，希望能够提升自己。但是，学堂教授的内容是“如何勾引男人”“如何暗示男方发生性关系”等，高龄觉得这些内容过于色情、露骨，不是自己想要的，想要退课。高龄的要求合理吗？

民法典规定，民事主体从事民事活动，不得违反法律，不得违背公序良俗。违背公序良俗的民事法律行为无效。“魅力提升学堂”的课程涉及色情、露骨的内容，违背了人们朴素的道德，不符合民法典的规定，高龄可以主张她与学堂签订的培训合同无效，要求对方退款。

民法典第8条、第153条

03 民法典的立法目的和依据是什么？

2020 年 5 月 28 日，民法典由第十三届全国人民代表大会第三次会议表决通过，自 2021 年 1 月 1 日起实施。民法典是新中国成立以来第一部以“法典”命名的法律，是新时代我国社会主义法治建设的重大成果。其立法目的和依据分别是什么呢？

民法典规定，为了保护民事主体的合法权益，调整民事关系，维护社会和经济秩序，适应中国特色社会主义发展要求，弘扬社会主义核心价值观，根据宪法，制定本法。

民法典第1条

04 民法典体现了哪些民法基本原则？

民法典体现了哪些民法基本原则呢？

民法典规定，民事主体在民事活动中的法律地位一律平等。民事主体从事民事活动，应当遵循自愿原则，按照自己的意思设立、变更、终止民事法律关系。民事主体从事民事活动，应当遵循公平原则，合理确定各方的权利和义务。民事主体从事民事活动，应当遵循诚信原则，秉持诚实，恪守承诺。民事主体从事民事活动，不得违反法律，不得违背公序良俗。民事主体从事民事活动，应当有利于节约资源、保护生态环境。

民法典第4~9条

05 有的人为了经济发展，牺牲了生态环境，这种行为违法吗？

神灵山风景如画，一位开发商看上了这里，准备开发度假村，但是开发过程简单粗暴，破坏了大片森林。神灵山附近的居民看了很心疼，他们找到开发商理论。开发商说他们有正规的批文，所以怎么开发都是他们的权利。开发商的说法正确吗？

民法典规定，民事主体从事民事活动，应当有利于节约资源、保护生态环境。虽然开发商取得了合法的开发手续，有权进行开发，但在开发过程中，应当坚持有利于节约资源、保护生态环境的“绿色原则”，实现可持续发展。

民法典第9条

06 自然人的民事权利能力从什么时候开始呢？

有一种说法是，民法典保护了公民从摇篮到坟墓的所有权利，这句话是什么意思？

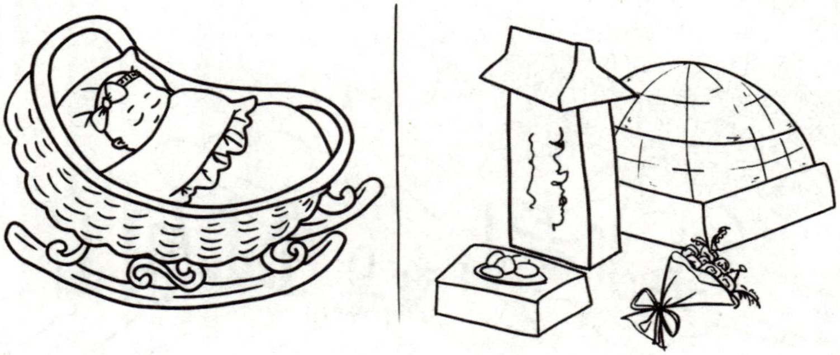

民法典规定，自然人从出生时起到死亡时止，具有民事权利能力，依法享有民事权利，承担民事义务。也就是说，一个人的民事权利和民事义务伴随其生命的始终，并不因聪明或愚笨、富贵或贫贱等而有任何不同。

民法典第13条

07 “遗腹子”能获得去世父亲的财产吗？

英年的妻子怀孕了，英年得知这个消息很开心，但因为开车太快出了车祸，不幸去世。对于英年的遗产，妻子肚子里的胎儿能够继承吗？

民法典规定，涉及遗产继承、接受赠与等胎儿利益保护的胎儿视为具有民事权利能力。但是，胎儿娩出时为死体的，其民事权利能力自始不存在。虽然通常情况下公民的民事权利从出生开始，但是，为了保护胎儿的利益，在涉及遗产继承和接受赠与的情况下，胎儿视为具有民事权利能力。所以，胎儿可以继承英年的遗产，这也是对胎儿的特殊权利保护。

民法典第16条

08 法律上规定的成年年龄是多少岁？

韦达的老家有一个风俗，当一个孩子 12 岁的时候要办一个盛大的“圆锁”仪式，代表孩子已经成为一个“大人”。那么，12 岁是一个孩子成年的年龄吗？

民法典规定，18 周岁以上的自然人为成年人。不满 18 周岁的自然人为未成年人。所以，法律上判断一个人是否成年的年龄是 18 周岁，而不是 12 周岁。而且，这里的年龄是“周岁”，而不是民间习惯说的“虚岁”。

民法典第17条

09 8~18 周岁的限制民事行为能力人，可以实施民事法律行为吗？

阿郎今年 14 岁，马上面临中考，他的压力很大。一天，阿郎来到县城的新华书店，想买一本书。阿郎自己有权利买书吗，还是必须要有爸爸妈妈的陪同？

民法典规定，8 周岁以上的未成年人为限制民事行为能力人，实施民事法律行为由其法定代理人代理或者经其法定代理人同意、追认；但是，可以独立实施纯获利益的民事法律行为或者与其年龄、智力相适应的民事法律行为。阿郎已经 14 岁了，是限制民事行为能力人，可以实施与其年龄、智力相适应的民事法律行为，买书这一行为相对简单，阿郎可以独立实施。

民法典第19条

10 3 岁的儿童参加演出，可以与演出公司签订合同吗？

仲永今年 3 岁了，聪明伶俐，能背诵三字经、千字文，还会 100 以内的加减法。仲永的妈妈觉得自己的儿子是个神童，带他到处参加演出。仲永可以与演出公司签订演出合同吗？

民法典规定，不满 8 周岁的未成年人为无民事行为能力人，由其法定代理人代理实施民事法律行为。虽然仲永很聪明，但是他未满 8 周岁，还是无民事行为能力人，他出去参加演出，只能由他的法定代理人，比如他妈妈，代理他签订合同。

民法典第20条

11　8 周岁以上的未成年人在游戏中进行大额充值，家长有权要求退款吗？

9 岁的小明沉迷于某网络游戏，每天晚上都趁妈妈不注意，用其手机玩游戏。一日，小明为获得“武器升级包”，利用妈妈手机以快捷支付的方式向游戏平台充值了 3 万元。次日，小明妈妈得知此事，非常愤怒。小明向游戏平台充值的行为有效吗？其父母有权要求退款吗？

民法典规定，8 周岁以上的未成年人为限制民事行为能力人，实施民事法律行为由其法定代理人代理或者经其法定代理人同意、追认。限制民事行为能力人实施的纯获利益的民事法律行为或者与其年龄、智力、精神健康状况相适应的民事法律行为有效；实施的其他民事法律行为经法定代理人同意或者追认后有效。故小明妈妈作为小明的法定代理人，若拒绝追认该行为，该行为无效，小明妈妈有权要求退款。

民法典第19条、第145条

12 不满 8 周岁的未成年人独自实施的行为有效吗？

5 周岁的小青和奶奶出门散步，奶奶和别人聊天时，小青被小区门口一名卖卡通手表的男子吸引。男子见小青是小孩子，便要将卡通手表以 300 元的价格卖给他。小青很喜欢这块手表，便用身上携带的前两天收到的压岁钱支付了 300 元。回家后，小青爸爸得知此事非常生气，带着小青去找卖手表的男子。小青爸爸可以退了手表并要回价款吗？

民法典规定，不满 8 周岁的未成年人为无民事行为能力人，由其法定代理人代理实施民事法律行为。无民事行为能力人实施的民事法律行为无效。故小青买手表的行为是无效的，小青爸爸可以向卖手表的男子要求退回 300 元价款。

民法典第20条、第144条

13 父母不承担对未成年子女抚养、教育和保护的义务，会违反民法典的规定吗？

小西今年 8 周岁。她的爸爸妈妈平时根本不管她的生活：爸爸每天出去工作、应酬，很少回家；妈妈每天不是出去购物，就是和朋友吃饭、打牌。二人曾两天没有回家，留小西一人在家。父母二人不照顾小西的行为是否违反民法典的规定？

民法典规定，父母对未成年子女负有抚养、教育和保护的义务。故小西的父母不承担对其抚养、教育和保护的义务，违反了民法典的规定。

民法典第26条第1款

14 8 周岁以上的未成年人大额充值并打赏主播，父母可以要求退款吗？

小明今年 12 周岁。最近他因迷恋某游戏主播，每天晚上花大量时间看该主播直播，甚至偷偷用妈妈的手机打赏该主播 5 万元。妈妈知道后很生气，她可以要求退款吗？

民法典规定，8 周岁以上的未成年人为限制民事行为能力人，实施民事法律行为由其法定代理人代理或者经其法定代理人同意、追认。小明消费 5 万元打赏主播的行为需要其法定代理人即其父母同意、追认，若小明妈妈不追认，则该行为是无效的，小明妈妈可以要求退款。

民法典第19条

15　8 周岁以上的未成年人纯获利益的行为有效吗？

小丽今年 10 周岁了，奶奶过年给了她 1000 元压岁钱。小丽可以自己收下吗？

民法典规定，8 周岁以上的未成年人为限制民事行为能力人，可以独立实施纯获利益的民事法律行为或者与其年龄、智力相适应的民事法律行为。小丽收压岁钱的行为是纯获利益的行为，故不需要父母同意或追认，其可以自己收下压岁钱。

民法典第19条

16 不满 8 周岁的未成年人可以自己实施买玩具的行为吗？

小良今年 7 周岁。一日，他和奶奶一起去商场，随身带着自己的“小金库”。趁奶奶与他人交谈之际，小良被卖玩具的人吸引，并在对方引诱下掏钱买了一个高档玩具飞机。小良可以独自实施买玩具的行为吗？

民法典规定，不满 8 周岁的未成年人为无民事行为能力人，由其法定代理人代理实施民事法律行为。小良还不满 8 周岁，需要其法定代理人代理实施购买等民事法律行为。故小良不能独自实施买玩具的行为。

民法典第20条

17 不满 8 周岁的未成年人怎样行使继承权？

小明今年 7 周岁；其父母离异，二人都未再婚。其父亲在一次车祸中不幸丧生。小明家里人讨论遗产继承的问题，听得他一头雾水。不满 8 周岁的未成年人怎样行使继承权呢？

民法典规定，自然人依法享有继承权，父母和子女有相互继承遗产的权利。同时，不满 8 周岁的未成年人为无民事行为能力人，由其法定代理人代理实施民事法律行为。因此，小明继承其父亲的遗产，需要由法定代理人即其母亲实施。

民法典第20条、第124条第1款、第1070条

18 无民事行为能力、限制民事行为能力的未成年人的法定代理人是谁？

不满 8 周岁的未成年人为无民事行为能力人、8 周岁以上的未成年人为限制民事行为能力人，他们实施民事法律行为需要法定代理人。那么，他们的法定代理人是谁呢？

民法典规定，无民事行为能力人、限制民事行为能力人的监护人是其法定代理人。民法典还规定，父母是未成年子女的监护人。故一般情况下，无民事行为能力、限制民事行为能力的未成年人的法定代理人是其父母。

民法典第23条、第27条第1款

19 未成年人的父母已经死亡或者没有监护能力的，由谁担任监护人？

小仙 10 周岁时，父母因意外双亡。小仙同祖父母一起生活。在小仙成年前，由谁担任其监护人呢？

民法典规定，未成年人的父母已经死亡或者没有监护能力的，由下列有监护能力的人按顺序担任监护人：（1）祖父母、外祖父母；（2）兄、姐；（3）其他愿意担任监护人的个人或者组织，但是须经未成年人住所地的居民委员会、村民委员会或者民政部门同意。故根据小仙的实际情况，应由小仙的祖父母担任其监护人。

民法典第27条第2款

20 有多个具有监护资格的人的，如何确定监护人？

小仙的父母去世了，她的外婆表示要担任小仙的监护人，照顾小仙的生活，而且，小仙的外婆刚好一个人生活，小仙来了也能陪陪她。小仙的爷爷奶奶则表示，小仙从上小学起就住在他们家，应该由他们担任监护人。这种情况下，应该怎么确定小仙的监护人呢？

民法典规定，依法具有监护资格的人之间可以协议确定监护人。协议确定监护人应当尊重被监护人的真实意愿。故小仙的爷爷奶奶与外婆可以协商确定，同时应当尊重小仙的真实意愿。

民法典第30条

21 因突发事件等紧急情况，监护人暂时无法履行监护职责，被监护人的生活处于无人照料状态的，怎么办？

新冠疫情期间，小新的父母被集中隔离，他们的其他亲戚都在外地不方便来照顾3周岁的小新。此时应该由谁来照顾小新的日常生活呢？

民法典规定，因发生突发事件等紧急情况，监护人暂时无法履行监护职责，被监护人的生活处于无人照料状态的，被监护人住所地的居民委员会、村民委员会或者民政部门应当为被监护人安排必要的临时生活照料措施。故在本案中，当地居民委员会或民政部门应当为小新安排必要的临时生活照料措施。

民法典第34条第4款

22 父母长期家暴未成年子女的，可以撤销其监护人资格吗？

小吉的父母离婚后，父亲长期家暴她，小吉的母亲可以申请撤销小吉父亲的监护人资格吗？

民法典规定，监护人实施严重损害被监护人身心健康的行为的，人民法院根据有关个人或者组织的申请，撤销其监护人资格，安排必要的临时监护措施，并按照最有利于被监护人的原则依法指定监护人。此处规定的有关个人、组织包括：其他依法具有监护资格的人，居民委员会、村民委员会、学校、医疗机构、妇女联合会、残疾人联合会、未成年人保护组织、依法设立的老年人组织、民政部门等。前款规定的个人和民政部门以外的组织未及时向人民法院申请撤销监护人资格的，民政部门应当向人民法院申请。小吉的父亲现在严重损害了小吉的身心健康，故包括其母亲在内的有关个人和组织可以申请撤销小吉父亲的监护人资格。

民法典第36条第1款第1项、第2款、第3款

23 监护人怠于履行监护职责，导致被监护人处于危困状态的，可以撤销其监护人资格吗？

小智今年刚上小学，他的妈妈沉迷赌博，每天出去玩，对小智不管不顾。小智每天乞求妈妈不要出去，她也置之不理，有一次甚至把小智一个人留在家里三天三夜，小智没有东西吃，只能生吃大米。这种情况下，可以撤销小智妈妈的监护人资格吗？

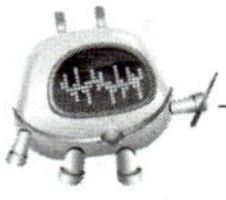

民法典规定，监护人怠于履行监护职责，导致被监护人处于危困状态的，人民法院根据有关个人或者组织的申请，撤销其监护人资格，安排必要的临时监护措施，并按照最有利于被监护人的原则依法指定监护人。小智妈妈怠于履行监护职责，导致小智处于危困状态，故有关个人和组织可以申请撤销小智妈妈的监护人资格。

民法典第36条第1款第2项

24 依法负担被监护人赡养费的人被撤销监护人资格后，还要继续履行给付赡养费的义务吗？

王奶奶年事已高，常年卧病在床。后其因丧偶，便与唯一的儿子小王住在一起。但由于小王虐待王奶奶，在当地居民委员会的申请下，人民法院依法撤销了小王的监护人资格。那么小王作为子女，还应该继续履行给付赡养费的义务吗？

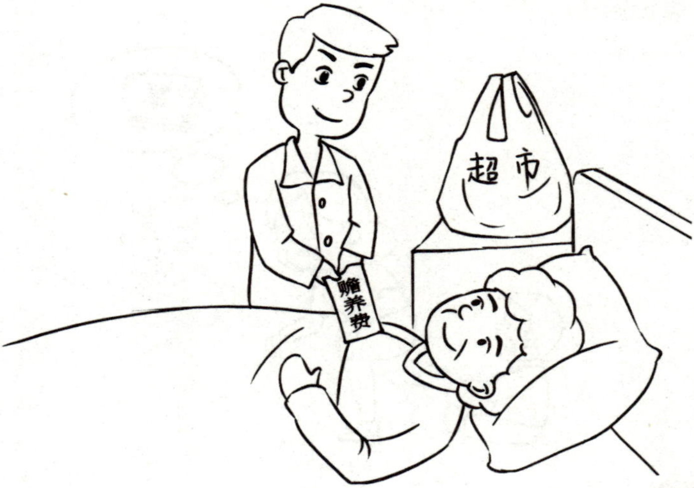

民法典规定，成年子女不履行赡养义务的，缺乏劳动能力或者生活困难的父母，有要求成年子女给付赡养费的权利。依法负担被监护人抚养费、赡养费、扶养费的父母、子女、配偶等，被人民法院撤销监护人资格后，应当继续履行负担的义务。故小王即使已经被撤销监护人资格，仍应当继续履行给付赡养费的义务。

民法典第1067条第2款、第37条

25 被监护人的父母或者子女被人民法院撤销监护人资格后还有机会恢复监护人资格吗？

小张有赌博的恶习，他为了出去赌博将年仅 3 岁的孩子一人关在家里两天两夜，妻子回家发现孩子脱水晕厥，便向人民法院申请撤销了小张的监护人资格。后小张与妻子离婚，孩子与妈妈共同生活。离婚后两年时间里，小张认识到了自己的错误，改过自新；同时对孩子关爱有加。小张是否有机会恢复监护人资格呢？

民法典规定，被监护人的父母或者子女被人民法院撤销监护人资格后，除对被监护人实施故意犯罪的外，确有悔改表现的，经其申请，人民法院可以在尊重被监护人真实意愿的前提下，视情况恢复其监护人资格。故小张可向人民法院申请恢复监护人资格。在尊重其孩子真实意愿的情况下 若法院根据具体情况判断小张确有悔改表现，可视情况恢复其监护人资格。

民法典第38条

26 基于重大误解实施的民事法律行为效力如何？

某日，小李去某手机专卖店买手机。该店当日搞活动，门口海报上写着："本店除最新款 xxx1 型号外，其余型号均以'跳楼价'销售！"他看上了最新款型号为 xxx1 的手机，标价写着 1500 元。小李心想："这款手机价值 5000 多元，现在卖 1500 元，岂不是捡到了便宜。"故迅速付了钱。小李刚出店门，店长发现因店员失误标错了价格：将"5100 元"标成了"1500 元"，遂出门叫住了小李。该店可以要求小李退款退货吗？

民法典规定，基于重大误解实施的民事法律行为，行为人有权请求人民法院或者仲裁机构予以撤销。小李买手机的行为系基于重大误解实施的行为，如果双方协商不成，该手机店可以请求人民法院或仲裁机构予以撤销。

民法典第147条

27　农村集体经济组织可以对外签订合同吗？

野鸭湖村依山傍水，有很好的养鸭传统，办起了大型的养鸭场，是远近闻名的养鸭村。近期，野鸭湖村要与城里大超市签订一个长期的供货合同。野鸭湖村村集体能对外签订合同吗？

民法典规定，农村集体经济组织依法取得法人资格。法律、行政法规对农村集体经济组织有规定的，依照其规定。野鸭湖村村集体作为农村集体经济组织，依法取得法人资格，是合法的民事主体，能够对外签订合同。

民法典第99条

28 合作社可以对外签订合同吗？

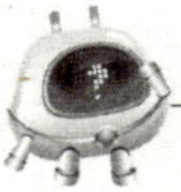

神泉山风景秀美，突然来了一位大学生“村官”，带领村民们搞乡村旅游，成立了农民专业合作社，全村人都加入了。城里的大旅行社希望能跟他们签订长期合同，合作社有权对外签订合同吗？

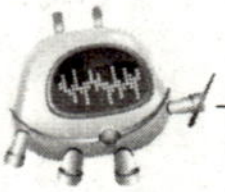

民法典规定，城镇农村的合作经济组织依法取得法人资格。法律、行政法规对城镇农村的合作经济组织有规定的，依照其规定。大学生“村官”带领村民们成立农民专业合作社，搞乡村旅游资源开发，符合法律的规定；合作社依法取得法人资格的，是独立的民事主体，可以对外签订合同。

民法典第100条

29 因被欺诈实施的民事法律行为效力如何？

小张欲买一辆二手车，经同事介绍认识了要卖二手车的小赵。小赵告诉他，自己这辆车买了3年，里程不到5万公里，也没有发生过重大事故。小张觉得车的情况看起来不错，价格也可以接受就买了。后因无意中碰到知情人，小张了解到这辆车其实发生过重大事故，且里程表也是改过的。小张可以撤销此买卖合同吗？

民法典规定，一方以欺诈手段，使对方在违背真实意思的情况下实施的民事法律行为，受欺诈方有权请求人民法院或者仲裁机构予以撤销。小赵作为卖方有义务告知这辆车的真实情况，却欺骗了小张，且使其基于对这些虚假事实的信任购买了此车，属于利用了欺诈手段，小张作为受欺诈方有权请求人民法院或者仲裁机构予以撤销。

民法典第148条

30 因受人胁迫被迫实施的民事法律行为效力如何？

老乔最近生意赔了不少，背了很多债务。他想到自己的老友老钱一年前交通肇事逃逸，未接受法律的制裁，故找到老钱，以揭发其肇事逃逸为要挟，让老钱借给他一笔钱。老钱因害怕老乔的揭发不得已给了他钱。老钱将钱借给老乔的行为效力如何？

民法典规定，一方或者第三人以胁迫手段，使对方在违背真实意思的情况下实施的民事法律行为，受胁迫方有权请求人民法院或者仲裁机构予以撤销。故老钱作为受胁迫方有权请求人民法院或者仲裁机构对借钱行为予以撤销。

民法典第150条

31 显失公平的民事法律行为效力如何？

老孙因妻子突患重病，急需一大笔钱支付手术费用，着急将名下唯一住房（市场价 350 万元）卖出。但在中介那里挂了几天也无人问津。同事老吴找到老孙，表示既然老孙那么着急用钱，自己愿意花 50 万元买下此房，并以现金结清，以解决其当下的用钱问题。老孙因妻子的手术实在不能再拖了，忍气含泪同意了老吴的提议。老孙卖房的行为效力如何？

民法典规定，一方利用对方处于危困状态、缺乏判断能力等情形，致使民事法律行为成立时显失公平的，受损害方有权请求人民法院或者仲裁机构予以撤销。老吴利用老孙救妻心切，以明显低于市场价的价格买房的行为是显失公平的，老孙作为受损害方有权请求人民法院或者仲裁机构予以撤销。

民法典第151条

32 代理人超越代理范围实施的代理行为效力如何？

小冯新买的房子正在装修，故其陆续配置家电。后小冯被紧急派去外地出差。为参加某家电城的促销活动，小冯请邻居小陈帮忙去该家电城买一台正在打折的双开门冰箱，并给小陈转了一笔钱。后小陈到了该家电城，经对比发现，有一款三开门冰箱活动力度更大，且和洗衣机一起买有“折上折”活动，也在小冯预算内。于是小陈自作主张，买了三开门冰箱和洗衣机。小冯出差回来看到小陈买的东西很生气，便带小陈去家电城找老板。小陈不按照委托要求的购买行为效力如何？

民法典规定，行为人没有代理权、超越代理权或者代理权终止后，仍然实施代理行为，未经被代理人追认的，对被代理人不发生效力。小冯委托小陈代理其实施购买双开门冰箱的行为，小陈实施的行为超越代理范围且小冯拒绝追认，故该行为不发生效力。

民法典第171条第1款

33 离职后的经理仍以签单方式在饭馆消费，其此前任职的公司应该结清该餐费吗？

某公司经理王甲长期在某饭馆签单招待客户，餐费由该公司按月结清。后王甲因故辞职。月底该公司去饭馆结账时认为当月王甲的消费都是私下招待朋友的行为，拒绝支付其签的单。该饭馆有权要求该公司结账吗？

民法典规定，行为人没有代理权、超越代理权或者代理权终止后，仍然实施代理行为，相对人有理由相信行为人有代理权的，代理行为有效。虽然王甲已经辞职，但因其长期在该饭馆签单招待客户，该饭馆有理由相信王甲有该公司代理权，故该公司应该给饭馆结账。

民法典第172条

34 因正当防卫造成损害的，要承担民事责任吗？

小红走在路上突遇一男子要抢夺她的财物，小红因略习武艺，不甘示弱，与该男子扭打起来，致该男子面部轻微伤且衣物破损。小红需要对给男子造成的损害承担民事责任吗？

民法典规定，因正当防卫造成损害的，不承担民事责任。正当防卫超过必要的限度，造成不应有的损害的，正当防卫人应当承担适当的民事责任。小红的行为构成正当防卫，且未超过必要限度，故无须承担民事责任。

民法典第181条

35 为保护他人使自己受到损害的，可以找谁负责呢？

小贾逛街时看见有一男子持刀抢夺一女子财物，便上前企图制服该男子。在与歹徒搏斗过程中，小贾受伤。最后歹徒逃逸，一直没有抓到。对于自己受到的损害，小贾可以找谁赔偿或补偿呢？

民法典规定，因保护他人民事权益使自己受到损害的，由侵权人承担民事责任，受益人可以给予适当补偿。没有侵权人、侵权人逃逸或者无力承担民事责任，受害人请求补偿的，受益人应当给予适当补偿。小贾系保护该女子过程中受的伤，且侵权人逃逸，小贾可向该女子请求补偿。

民法典第183条

36 见义勇为过程中造成受助人损害的，救助人要承担民事责任吗？

小斯散步时路过一条河，发现有一名小孩落水，急忙下水施救，好不容易将小孩救上岸来。在拖小孩上岸的过程中，造成小孩身体的一些挫伤。小孩妈妈认为是小斯的原因导致孩子受伤的，要求小斯赔偿。小斯应该对此承担民事责任吗？

民法典规定，因自愿实施紧急救助行为造成受助人损害的，救助人不承担民事责任。故小斯对小孩在救助过程中受到的损害不承担民事责任。

民法典第184条

37 未成年人遭受性侵害的损害赔偿请求权的诉讼时效期间如何计算？

小美从小生活在福利院，是一名内向胆小的女孩。其 13 周岁至 15 周岁遭受了福利院某保洁人员若干次性侵。但由于胆小和恐惧，小美一直到离开福利院也没有和他人说过这件事情。今年 19 周岁的她回到福利院，听说该男子现在对其他女童还有类似行为，非常愤怒，决定带着受侵害的女童一起揭露他的恶行。已经过去这么多年了，小美还能对其遭受的性侵害请求损害赔偿吗？

民法典规定，未成年人遭受性侵害的损害赔偿请求权的诉讼时效期间，自受害人年满 18 周岁之日起计算。向人民法院请求保护民事权利的诉讼时效期间为 3 年。故 19 周岁的小美的损害赔偿请求权诉讼时效期间还未经过，可以向人民法院提起诉讼。

民法典第188条第1款、第191条

第二编　物权

物权法律制度调整因物的归属和利用产生的民事关系。

物权是民事主体依法享有的重要财产权，关系到老百姓的切身利益。

民法典物权编在物权法的基础上完善而成。担保法的部分内容也体现在物权编中。

物权编共 5 个分编、20 章、258 条。

38 房屋买卖后，未办理过户登记的，是否影响房屋买卖合同的效力？

小红名下有一套房产，因资金周转需要，他把这套房子卖给了小蓝，并签订了房屋买卖合同，一直未办理过户登记，先让小蓝搬进去住了。过了几天，小黄上门找到小蓝，说这套房子小红已经送给他且办好过户登记了，要求小蓝3日内搬出去。小蓝看着手中的合同，不知道该怎么办。

民法典规定，当事人之间订立有关设立、变更、转让和消灭不动产物权的合同，除法律另有规定或者当事人另有约定外，自合同成立时生效；未办理物权登记的，不影响合同效力。小红和小蓝之间的房屋买卖合同自成立时生效，未办理物权登记不影响合同效力，小蓝有权要求小红承担违约责任。

民法典第215条

39 “一车多卖”的情形下，如何确定车辆的所有权人？

蒋小花将自己的爱车卖给了王小毛，但没有登记，且双方约定王小毛付款后蒋小花借用该车一个月，之后再将车交付给王小毛。在蒋小花借用该车期间，通过展示该车和机动车登记信息，让唐小瓜相信这辆车是其所有，又将该车卖给了唐小瓜，并直接交付了汽车。后王小毛得知此事，找到唐小瓜，要求其交出汽车。现在谁才是这辆车的所有权人呢？

民法典规定，动产物权的设立和转让，自交付时发生效力，但是法律另有规定的除外。船舶、航空器和机动车等的物权的设立、变更、转让和消灭，未经登记，不得对抗善意第三人。因蒋小花与王小毛之间的所有权转让没有登记，唐小瓜作为善意第三人，获得了这辆车的所有权。王小毛可以根据其与蒋小花订立的买卖合同，要求蒋小花承担违约责任。

民法典第224条、第225条

40 损害他人物品的，应该承担什么责任？

小武和小舞在一起玩儿，小舞把自己的新手机给小武看，小武手一滑，手机屏幕摔碎了。小舞哭了起来，要求小武赔偿。小武应该承担什么责任呢？

民法典规定，侵害物权，造成权利人损害的，权利人可以依法请求损害赔偿，也可以依法请求承担其他民事责任。小武损坏了小舞的手机，给小舞带来损失，应当进行赔偿。

民法典第238条

41 小朋友对自己拥有的物品享有什么权利呢？

大雄的妈妈刚给他买了一辆自行车，大雄迫不及待要骑出去。刚到门口，就被邻居胖虎拦了下来，胖虎非要先骑一下大雄的自行车，大雄不愿意，胖虎就说：“你妈妈没教过你，东西要跟朋友分享吗？”大雄可以拒绝胖虎吗？大雄对自行车享有哪些权利呢？

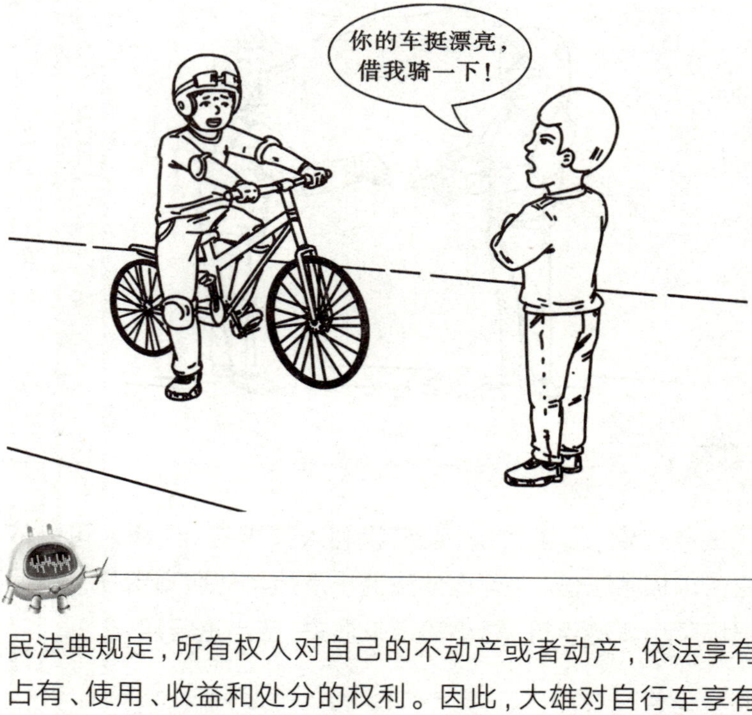

民法典规定，所有权人对自己的不动产或者动产，依法享有占有、使用、收益和处分的权利。因此，大雄对自行车享有占有、使用、收益和处分的权利，他有权决定自行车给谁骑、不给谁骑，胖虎无权干涉。

民法典第240条

42 离婚判决夫妻共同房屋归一方所有的，必须经过不动产变更登记才享有物权吗？

郑甲与张乙离婚，法院判决房屋归郑甲所有，后判决书正式生效。郑甲现在有一个疑问：判决书是法院的正式文书，既然判决书中白纸黑字地写了房屋归其所有，其是不是就可以直接享有物权了？

民法典规定，因人民法院、仲裁机构的法律文书或者人民政府的征收决定等，导致物权设立、变更、转让或者消灭的，自法律文书或者征收决定等生效时发生效力。处分依照前述规定享有的不动产物权，依照法律规定需要办理登记的，未经登记，不发生物权效力。因此，郑甲自判决书生效之日起，即使不去办理登记，该房屋所有权也已经发生了转移。如果有人侵害其房屋所有权，郑甲可以作为权利人主张权利。但如果未办理登记，郑甲无法处分该房屋（如出卖或抵押该房屋），需先去房屋登记管理部门办理登记后才可处分它。

民法典第229条、第232条

43 小区内的车位、车库如何归属？

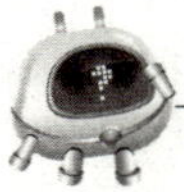

小倩最近碰到一件烦心的事：她住的小区车位本来就有限，开发商还将一部分高价卖给了非业主，导致现在很多业主只能把车停在小区外面。开发商的这种做法合法吗？

民法典规定，建筑区划内，规划用于停放汽车的车位、车库的归属，由当事人通过出售、附赠或者出租等方式约定。占用业主共有的道路或者其他场地用于停放汽车的车位，属于业主共有。建筑区划内，规划用于停放汽车的车位、车库应当首先满足业主的需要。开发商应优先满足业主对车位、车库的需要，故开发商这样的行为是不合法的。

民法典第275条、第276条

44 业主大会、业主委员会的设立可以向什么部门或组织寻求帮助呢？

小区要设立业主大会并选举业主委员会，但是大家对具体流程等不太清楚。应该向什么部门或组织寻求帮助呢？

民法典规定，业主可以设立业主大会，选举业主委员会。业主大会、业主委员会成立的具体条件和程序，依照法律、法规的规定。地方人民政府有关部门、居民委员会应当对设立业主大会和选举业主委员会给予指导和协助。故可以向地方人民政府有关部门、居民委员会请求指导和协助。

民法典第277条

45 业主委员会擅自将小区内公用休闲区域出租商用的行为合法吗？

××小区绿化环境好，关键是有一个大休闲室，平时业主们可以在这里休闲娱乐。近日，业主委员会有人决定将这个休闲室出租，收益可以用作维修经费。但很多人不同意，因为觉得这样一来出入小区的人员混杂，很难保证安全。业主委员会可以径行决定将休闲室出租吗？

民法典规定，改变共有部分的用途或者利用共有部分从事经营活动的，相关事项由业主共同决定。故业主委员会将休闲室出租的行为需经业主共同决定，否则不合法。

民法典第278条第8项

46 建筑物业主共有部分的维修等费用由谁出？

某小区有一栋房子出现了屋顶渗水的现象，需要有人维修。那么，此次维修的相关费用从哪儿出呢？

民法典规定，建筑物及其附属设施的维修资金，属于业主共有。经业主共同决定，可以用于电梯、屋顶、外墙、无障碍设施等共有部分的维修、更新和改造。建筑物及其附属设施的维修资金的筹集、使用情况应当定期公布。紧急情况下需要维修建筑物及其附属设施的，业主大会或者业主委员会可以依法申请使用建筑物及其附属设施的维修资金。故经法定程序，该小区屋顶渗水的维修费用从业主共有的维修资金中出。

民法典第281条

47 小区建筑物电梯内广告的收益归谁所有？

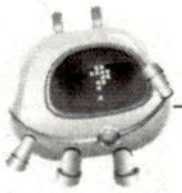

小张最近发现自己所住建筑物的电梯内出现了各种门店的广告。小张不由地产生了疑问："既然是商业广告一定有广告费。这些广告费归谁所有呢？"

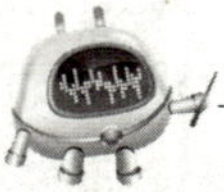

民法典规定，建设单位、物业服务企业或者其他管理人等利用业主的共有部分产生的收入，在扣除合理成本之后，属于业主共有。电梯属于业主共有部分，电梯内张贴广告的收益应属于业主共有。

民法典第282条

48 村集体的土地被征收后，村民的权利如何保证？

东升村集体所有的土地被征收建设高铁，并依法获得了土地补偿费等费用，村民熊佳和熊毅有点着急，害怕以后生活没有保障。他们担心的问题应该怎么解决呢？

民法典规定，征收集体所有的土地，应当依法及时足额支付土地补偿费、安置补助费以及农村村民住宅、其他地上附着物和青苗等的补偿费用，并安排被征地农民的社会保障费用，保障被征地农民的生活，维护被征地农民的合法权益。征收组织、个人的房屋以及其他不动产，应当依法给予征收补偿，维护被征收人的合法权益；征收个人住宅的，还应当保障被征收人的居住条件。任何组织或者个人不得贪污、挪用、私分、截留、拖欠征收补偿费等费用。虽然村里的土地被征收，但是根据民法典的规定，会对村民进行及时足额补偿，熊佳和熊毅无须担心。

民法典第243条第2款、第3款、第4款

49 国家对耕地实行特殊保护制度，体现在哪些方面？

东湖村风景秀美，又紧邻高速公路，李老板觉得在这里开采摘园有利可图，于是租用了该村老刘头的 3 亩耕地。之后，李老板觉得开农家乐更赚钱，就在这块土地上盖三层楼的农家饭庄。李老板的行为合法吗？

民法典规定，国家对耕地实行特殊保护，严格限制农用地转为建设用地，控制建设用地总量。不得违反法律规定的权限和程序征收集体所有的土地。李老板没有取得国家的许可，也没有经过法定的程序，就要在老刘头的耕地上盖农家乐，将耕地用于饭庄经营，违反了民法典的规定。

民法典第244条

50 村里获得的补偿费应该由谁决定如何分配？

罗家屯村旁边要建高速公路，村里的土地被大量征收，影响到了被征地村民的生活，村里得到了一笔补偿费用，这笔费用应该由谁决定如何分配？

民法典规定，农民集体所有的不动产和动产，属于本集体成员集体所有。下列事项应当依照法定程序经本集体成员决定：（1）土地承包方案以及将土地发包给本集体以外的组织或者个人承包；（2）个别土地承包经营权人之间承包地的调整；（3）土地补偿费等费用的使用、分配办法；（4）集体出资的企业的所有权变动等事项；（5）法律规定的其他事项。因为征收集体土地，直接影响罗家屯村农民的生产生活，相应的土地补偿费、安置补助费以及村民住宅、其他地上附着物和青苗等的补偿费用，应当经本集体成员共同决定如何分配。

民法典第261条

51 村民委员会应当向本集体成员公布集体财产状况吗？

庞家庄小学年久失修，村委会使用了一部分集体财产修缮小学。有的村民说，村委会一定从中拿了好处，要求公开费用明细。村委会主任说："我做的正行的端，为什么要公开？"那么，村民有权要求村委会公开集体财产状况吗？

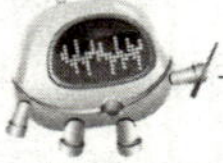

民法典规定，农村集体经济组织或者村民委员会、村民小组应当依照法律、行政法规以及章程、村规民约向本集体成员公布集体财产状况。集体成员有权查阅、复制相关资料。村委会使用集体财产，虽然是为了村民的共同利益，但是也应当依照法律、行政法规以及章程、村规民约向本村村民主动公布财产使用情况。村委会不公布的，村民可以要求公开，并有权查阅、复制这些资料。

民法典第264条

52 在楼房内居住的人，在行使自己权利的过程中应该注意什么呢？

快过年了，小彬的爸爸从外地买来很多花炮，准备过年的时候放花炮，好好庆祝一下。小彬连忙阻止他，"爸爸，烟花是危险物品，会影响大家的安全，不能放在家里"。小彬的爸爸说："我自己的房子，我想放什么是我的权利。"小彬和爸爸谁的说法是正确的呢？

民法典规定，业主对其建筑物专有部分享有占有、使用、收益和处分的权利。业主行使权利不得危及建筑物的安全，不得损害其他业主的合法权益。小彬的爸爸作为这个房子的所有人，对房间内的专有部分享有占有、使用、收益和处分的权利。但是，在行使权利时，不得危及建筑物的安全，不得损害其他业主的合法权益。所以，小彬的说法是正确的。

民法典第272条

53 不按照垃圾分类要求投放垃圾违反民法典的规定吗？

一天小包和哥哥去扔垃圾，居委会大妈指导他做垃圾分类，小包满不在乎，他还说，扔垃圾这种小事，学不会也没关系，又不会违法。那么，不按要求随意扔垃圾违反民法典的规定吗？

民法典规定，业主应当遵守法律、法规以及管理规约，相关行为应当符合节约资源、保护生态环境的要求。业主大会或者业主委员会，对任意弃置垃圾、排放污染物或者噪声、违反规定饲养动物、违章搭建、侵占通道、拒付物业费等损害他人合法权益的行为，有权依照法律、法规以及管理规约，请求行为人停止侵害、排除妨碍、消除危险、恢复原状、赔偿损失。业主或者其他行为人拒不履行相关义务的，有关当事人可以向有关行政主管部门报告或者投诉，有关行政主管部门应当依法处理。所以，不按照垃圾分类要求投放垃圾，违反了民法典的规定。

民法典第286条

54 村民委员会成员私分村集体财产的，村民们应该如何维护自己的权益？

黑风岭村有一块荒地被征收，获得了一笔补偿费。由于这块荒地平时没有人承包耕种，村委会几个干部私下商量，将这笔费用作为几个人的“奖金”分配。他们有权这样做吗？村民应该如何维护自己的权利？

民法典规定，集体所有的财产受法律保护，禁止任何组织或者个人侵占、哄抢、私分、破坏。农村集体经济组织、村民委员会或者其负责人作出的决定侵害集体成员合法权益的，受侵害的集体成员可以请求人民法院予以撤销。黑风岭村被征收的荒地是集体所有的财产，村委会干部无权私分。他们的私分行为侵害了村民们的合法权益，村民们可以到法院起诉，请求予以撤销。

民法典第265条

55 邻居的果树影响了自家的采光，该如何维护自己的权利？

肖鑫炎的邻居种了一棵很高大的枣树，枣树的树枝茂盛，影响他家的采光，还引来了很多小虫子。肖鑫炎非常生气，等枣树成熟的时候，肖鑫炎拿锯子把邻居的枣树树枝锯断了。肖鑫炎有权这么做吗？

民法典规定，不动产的相邻权利人应当按照有利生产、方便生活、团结互助、公平合理的原则，正确处理相邻关系。肖鑫炎的院子与邻居的院子相邻，邻居的树对他的生活造成了一定干扰，对此，他可以通过与邻居沟通的方式解决，而不应该用现在的方式。

民法典第288条

56 对业主任意弃置垃圾、制造噪声等行为如何处理？

小周同层一户邻居在装修，不仅不分白天黑夜地赶工，还将产生的垃圾堆在楼道内，这种噪声污染和固体废料污染的双重打击让小周一家心情很不好。小周对此可以采取什么样的措施呢？

民法典规定，业主大会或者业主委员会，对任意弃置垃圾、排放污染物或者噪声、违反规定饲养动物、违章搭建、侵占通道、拒付物业费等损害他人合法权益的行为，有权依照法律、法规以及管理规约，请求行为人停止侵害、排除妨碍、消除危险、恢复原状、赔偿损失。故小周可以通知业主大会或业主委员会，后者应请求小周邻居及时清除楼道内的垃圾，并且不在法律法规规定的装修时间以外的时间作业。

民法典第286条第2款

57 拾得遗失物但找不到权利人该怎么办？

杨扬一日在路上拾得一个钱包，包内只有几百元现金，没有任何证件。杨扬在原地等了一会儿失主，未果。他心想：“既然找不到失主，这个应该就归我了吧。”杨扬这种想法正确吗？

民法典规定，拾得遗失物，应当返还权利人。拾得人应当及时通知权利人领取，或者送交公安等有关部门。有关部门收到遗失物，知道权利人的，应当及时通知其领取；不知道的，应当及时发布招领公告。遗失物自发布招领公告之日起 1 年内无人认领的，归国家所有。故发现无法返还失主时，应将遗失物交给有关部门；有关部门也无法确认权利人的，应发布招领公告；发布招领公告之日起 1 年内无人认领的，归国家所有。

民法典第314条、第315条、第318条

58 违反国家规定排放大气污染物是违反民法典规定的行为吗？

小文他们班正在上体育课，几阵大风刮过，从旁边的化工厂飘来刺鼻的气味，呛得小文他们纷纷捂住口鼻，没法上课了。小文所在学校的校长找到化工厂的负责人，要求他们停止排放大气污染物。化工厂的所有人违法了吗？

民法典规定，不动产权利人不得违反国家规定弃置固体废物，排放大气污染物、水污染物、土壤污染物、噪声、光辐射、电磁辐射等有害物质。因此，化工厂的所有人违反了民法典的规定，应当立即停止排放。

民法典第294条

59 对拾金不昧这一传统美德，民法典是怎么规定的？

小高是一名小学生。一天，上学路上，小高捡到了一个钱包，他打开钱包，发现里面有一沓钱，还有身份证、很多卡和一张名片。小高想，丢了这么重要的东西，失主一定很着急，于是赶紧找到老师，给失主打电话送还钱包。那么，对于捡到别人的东西之后该怎么办，民法典是怎么规定的呢？

民法典规定，拾得遗失物，应当返还权利人。拾得人应当及时通知权利人领取，或者送交公安等有关部门。拾金不昧是中华民族的传统美德，民法典对此也予以了详细规定。

民法典第314条

60 上游的村庄为了灌溉需要，可以改变河流的流向吗？

东山村和西山村在小月河的上下游，东山村的居民为了扩大灌溉，经常用石块、木头等拦截水流，减少下游供水，给西山村的村民造成了巨大的困扰。西山村的村民可以维护自己的权利吗？

民法典规定，不动产权利人应当为相邻权利人用水、排水提供必要的便利。对自然流水的利用，应当在不动产的相邻权利人之间合理分配。对自然流水的排放，应当尊重自然流向。上下游的村民应该友好、合理地使用水源。西山村可以与东山村友好协商，必要时可以通过法律手段维护自身合法权益。

民法典第290条

61 村委会可以要求村民们统一养殖内容吗？

余满是养鱼大户，这一天，村干部找到他，说村里搞螃蟹养殖专业村，明年家家户户都要养螃蟹，余满也不例外。但是，余满从来没有养过螃蟹，也没有经验，他不想养螃蟹，还想继续养鱼。余满能够坚持养鱼吗？

民法典规定，土地承包经营权人依法对其承包经营的耕地、林地、草地等享有占有、使用和收益的权利，有权从事种植业、林业、畜牧业等农业生产。余满对于自己承包的土地，有权决定养殖的内容，村干部只能建议，不能干涉。所以，余满有权继续养鱼，不用养螃蟹。

民法典第331条

62 土地承包经营权到期了，可以继续承包吗？

黎叔和黎婶承包了一片林地，种植梨树，经过 5 年的辛勤劳作，终于到了丰收的时候。今年挂果特别多，黎叔和黎婶心里真开心。但是，村干部赖老大看上了这块地，他算了一下，黎叔和黎婶这块地的承包期明年就到了，于是告诉他们，这块地明年由自己承包。黎叔和黎婶能继续承包这块地吗？

民法典规定，耕地的承包期为 30 年。草地的承包期为 30 年至 50 年。林地的承包期为 30 年至 70 年。前款规定的承包期限届满，由土地承包经营权人依照农村土地承包的法律规定继续承包。黎叔的土地承包期限届满之后，可依法继续承包这块土地，这样黎叔和黎婶就能放心投入、安心收获了。

民法典第332条

63 民法典有什么制度保护村民的土地承包经营权？

常远一家准备种名贵的果树，30 年才能结果，他担心政策会变化，果树成熟之后自己的承包地被别人承包，自己无法获得成果。村干部找到他，向他介绍政策，告诉他可以签订土地承包经营权合同。土地承包经营权合同能保证常远的权利吗？

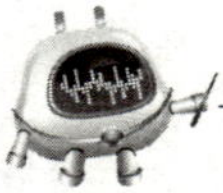

民法典规定，土地承包经营权自土地承包经营权合同生效时设立。登记机构应当向土地承包经营权人发放土地承包经营权证、林权证等证书，并登记造册，确认土地承包经营权。土地承包经营权合同生效之时常远就获得了土地承包经营权，之后获得证书，并经登记确认，给常远吃下了一颗“定心丸”。

民法典第333条

64 土地承包经营权确定之后，还可以互换吗？

卫家屯的两户村民卫甲和卫乙，各有一块土地离对方的宅基地很近。为了方便耕种，他们想把两块地的承包经营权互换。他们有权这么做吗？

民法典规定，土地承包经营权人依照法律规定，有权将土地承包经营权互换、转让。未经依法批准，不得将承包地用于非农建设。卫甲与卫乙为了耕种方便，互换彼此承包的土地，是民法典允许的。

民法典第334条

65 土地承包经营权互换、转让的，必须登记吗？

白家梓整天游手好闲，父母去世之后，他独自生活，便把家里土地的承包经营权转让给张三。过了几天，转让款被他用光了，他又将土地承包经营权转让给李四。李四种地的时候发现张三已经插完秧了，两个人找到白家梓理论。这块土地应该由谁来耕种呢？

民法典规定，土地承包经营权互换、转让的，当事人可以向登记机构申请登记；未经登记，不得对抗善意第三人。白家梓把土地承包经营权转让给张三和李四，都没有办理登记手续，而张三已经耕种，产生了费用，这块土地由他耕种更为合适。李四可以要求白家梓退还转让款。

民法典第335条

66 “进城”农民还有土地承包经营权吗？

成安家去城里打工；后来他在城里买了房子。但是，他签订的土地承包经营权合同还没有届满。这一天，村干部找到成安家，告诉他，他的土地被村里“收回”了，原因是他已经“进城”了。村里有权这么做吗？

民法典规定，承包期内发包人不得收回承包地。法律另有规定的，依照其规定。成安家虽然在城市居住，但是他的承包经营权还没有到期，在承包期内，发包人不能收回土地，村里无权这么做。

民法典第337条

67 土地承包经营权可以流转吗？

张三、李四、王五是从小一起长大的伙伴。张三读了农业大学，毕业后回到村里，成立了蔬菜公司，搞规模化有机蔬菜种植，但是苦于没有土地。李四和王五用自己承包的土地入股，让张三的公司开展种植活动。他们的行为算不算非法交易土地？

民法典规定，土地承包经营权人可以自主决定依法采取出租、入股或者其他方式向他人流转土地经营权。李四和王五作为土地承包经营权人，依法以入股的方式向张三流转土地经营权，实现了规模化种植，提高了产量和收益，是受到民法典保护的。

民法典第339条

68　土地承包经营权人有权从事哪些生产工作？

农大兴看好有机农业的发展，在曹家村承包了一大块土地，开展有机草莓采摘，生意很红火。村里的农民看着眼红，于是告到了村委会，说农大兴的行为违法，要求村委会收回这些土地。农大兴的行为违法了吗？

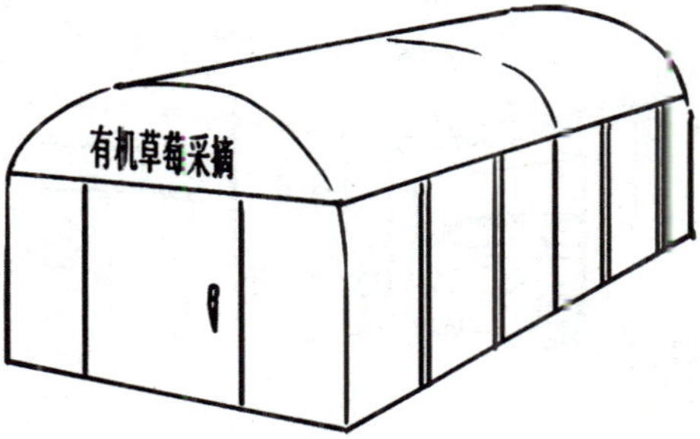

民法典规定，土地经营权人有权在合同约定的期限内占有农村土地，自主开展农业生产经营并取得收益。土地承包经营权人可以自主决定将土地出租给农大兴，农大兴获得土地经营权之后，在合同约定的期限内，可以自主开展农业生产经营。农大兴没有任何违法行为，可以继续经营并取得收益。

民法典第340条

69 村民有权变更、修建宅基地上的建筑物吗？

赵大娘家今年棉花大丰收，挣了不少钱，她想花钱把自己的老房子翻修一遍。同时，她家新买了一辆车，她还想自己盖一个小车库。赵大娘有权这样做吗？

民法典规定，宅基地使用权人依法对集体所有的土地享有占有和使用的权利，有权依法利用该土地建造住宅及其附属设施。赵大娘在自己的宅基地上有权建造住宅和附属设施，这包括翻修现有的住宅，以及在宅基地上建造车库。村民生活水平提高，更充分地利用自己的宅基地，受到民法典的保护。

民法典第362条

70 村民的宅基地因为自然灾害灭失的，应该如何保护自身的利益？

倪非凡的宅基地在山腰上，有一次遭遇泥石流，严重损毁了倪非凡的宅基地和房子，致使这块土地再也无法使用了。倪非凡找到村委会，想要再申请一块宅基地。村委会告诉他，一户村民只能申请一块宅基地。倪非凡还能再申请宅基地吗？

民法典规定，宅基地因自然灾害等原因灭失的，宅基地使用权消灭。对失去宅基地的村民，应当依法重新分配宅基地。倪非凡的宅基地因为泥石流而灭失，无法再建造房屋，宅基地使用权消灭，其依法可以重新获得宅基地，村委会的说法是错误的。

民法典第364条

71 民法典新增的“居住权”是什么意思呢？

独孤大娘没有孩子，老伴也去世了，独孤大娘没什么财产，只有一套郊区的小房子。卖了房子，她就无处居住；不卖房子，她就没钱生活。如何解决她的困难呢？

民法典规定，居住权人有权按照合同约定，对他人的住宅享有占有、使用的用益物权，以满足生活居住的需要。设立居住权，当事人应当采用书面形式订立居住权合同。居住权合同一般包括下列条款：（1）当事人的姓名或者名称和住所；（2）住宅的位置；（3）居住的条件和要求；（4）居住权期限；（5）解决争议的方法。独孤大娘可以将房子卖出，同时与对方签订居住权合同，要求对方为自己设立居住权；自己虽然卖出房子，但是有权在房子里居住，直到去世。

民法典第366条、第367条

72 居住权需要登记吗？

季伟明目前生活在市中心，他很喜欢独孤大娘的房子，但是暂时不方便去住，准备等自己退休了在这里养老，于是，他购买了独孤大娘的房子，并与她签订了居住权合同。这样独孤大娘就获得居住权了吗？

民法典规定，居住权无偿设立，但是当事人另有约定的除外。设立居住权的，应当向登记机构申请居住权登记。居住权自登记时设立。所以，季伟明不仅要与独孤大娘签订居住权合同，还应当到不动产登记机关办理登记，设立居住权。

民法典第368条

73 什么是抵押？抵押权怎么实现？

二刚子开了一个预制品厂，生意很红火，他想扩建厂子，搞规模经营，但是他们没有钱。二刚子跟媳妇商量，媳妇说，可以办理抵押，向农商银行借一笔钱。二刚子媳妇说得对吗？

民法典规定，为担保债务的履行，债务人或者第三人不转移财产的占有，将该财产抵押给债权人的，债务人不履行到期债务或者发生当事人约定的实现抵押权的情形，债权人有权就该财产优先受偿。前款规定的债务人或者第三人为抵押人，债权人为抵押权人，提供担保的财产为抵押财产。二刚子借钱，是债务人，银行是债权人。因为办理了抵押，如果二刚子还不起钱，银行可以卖掉抵押的东西，优先受偿。

民法典第394条

74　哪些东西可以作为抵押品？

二刚子想借钱，但是想了想，好像也没什么值钱的东西能抵押。媳妇给他出主意，小小的预制品厂其实有很多东西可以抵押。究竟哪些东西可以抵押呢？

民法典规定，企业、个体工商户、农业生产经营者可以将现有的以及将有的生产设备、原材料、半成品、产品抵押，债务人不履行到期债务或者发生当事人约定的实现抵押权的情形，债权人有权就抵押财产确定时的动产优先受偿。二刚子厂里用来制作预制品的水泥、模具、机器，预制品的半成品和成品，还有厂房等，都可以抵押。抵押期间，二刚子还可以继续生产经营。

民法典第396条

75 哪些财产是法律规定不能抵押的呢?

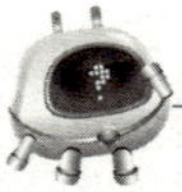

二柱子看二刚子的预制品厂赚了钱,跟他爹老柱子商量,也借钱办厂。老柱子问二柱子拿什么抵押。二柱子主张拿家里的宅基地抵押。老柱子说,老宅基地不能抵押,会败光家里的风水的。宅基地能够抵押吗?

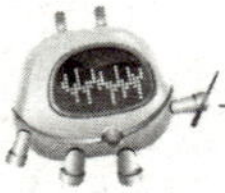

民法典规定,下列财产不得抵押:(1)土地所有权;(2)宅基地、自留地、自留山等集体所有土地的使用权,但是法律规定可以抵押的除外;(3)学校、幼儿园、医疗机构等为公益目的成立的非营利法人的教育设施、医疗卫生设施和其他公益设施;(4)所有权、使用权不明或者有争议的财产;(5)依法被查封、扣押、监管的财产;(6)法律、行政法规规定不得抵押的其他财产。宅基地是民法典规定不能抵押的财产,二柱子是不可以抵押宅基地的。

民法典第399条

76 担保物毁损、灭失或者被征收的，对担保物权有什么影响？

小王用自己的房屋在银行做了抵押贷款。担保期间，该房屋被国家征收，小王获得了一笔补偿款。作为抵押物的房屋被征收对小王在银行的抵押有什么影响吗？

民法典规定，担保期间，担保财产毁损、灭失或者被征收等，担保物权人可以就获得的保险金、赔偿金或者补偿金等优先受偿。被担保债权的履行期限未届满的，也可以提存该保险金、赔偿金或者补偿金等。故银行可就小王获得的房屋征收补偿金优先受偿，被担保债权的履行期限未届满的，也可以提存该房屋征收补偿金。

民法典第390条

77 抵押权人在债务履行期限届满前，与抵押人约定债务人不履行到期债务时抵押财产归债权人所有的，效力如何？

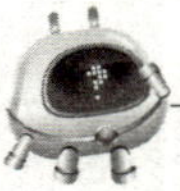

小王因急需用钱向小彦借款 5 万元，并用自己价值 40 万元的汽车抵押担保。小彦要求在抵押合同里约定，如果小王债务到期时不履行，则抵押的汽车归小彦所有。小王因急需用钱，迫于压力同意了该要求。如今债权期限届满，小王无力还债，小彦要求获得汽车的所有权。这种做法合法吗？

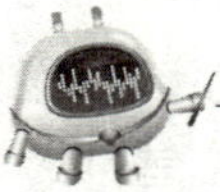

民法典规定，抵押权人在债务履行期限届满前，与抵押人约定债务人不履行到期债务时抵押财产归债权人所有的，只能依法就抵押财产优先受偿。故小彦不能直接获得汽车的所有权，只能就该车折价或拍卖、变卖的价款优先受偿。

民法典第401条、第410条

78 后设立的抵押权影响之前的出租关系吗？

孔某租赁了一间房屋，租赁合同尚未到期。一日，一名自称蒋某的人找上门来，声称这间房屋已被抵押给他，他要求孔某尽快搬走。蒋某的这种做法合法吗？

民法典规定，抵押权设立前，抵押财产已经出租并转移占有的，原租赁关系不受该抵押权的影响。故蒋某的做法不合法，其后设立的抵押权不影响孔某与房屋所有人的租赁关系。

民法典第405条

79 债务人不履行到期债务，债权人可以留置已经合法占有的债务人的动产吗？

老曹将汽车送到老刘处修理，老刘将汽车修理好后，老曹迟迟未支付修理费，且一直未将车取走。后老曹来取车，老刘要求其支付修理费，否则就扣下其汽车。老曹认为老刘私自扣留其私有财产的行为是不合法的。老曹的观点正确吗？

民法典规定，债务人不履行到期债务，债权人可以留置已经合法占有的债务人的动产，并有权就该动产优先受偿。前款规定的债权人为留置权人，占有的动产为留置财产。故老刘留置老曹汽车的行为是合法的。

民法典第447条

第三编　合同

合同制度是社会主义市场经济的基本法律制度。

合同是老百姓生活中必不可少的民事法律关系，可以说影响着我们每个人的生活。

民法典合同编在合同法的基础上完善而成。担保法的部分内容也体现在合同编中。

合同编共 3 个分编、29 章、526 条。

80 对格式条款未尽说明义务，格式条款效力如何？

杨某与某公司签订了合同，该合同是该公司预先拟定且重复使用的。其中有一条杨某承担差额补足责任的条款，某公司并未对其进行说明。后遇争议，该公司要求杨某根据该条款承担差额补足责任。该条款对杨某效力如何？

民法典规定，格式条款是当事人为了重复使用而预先拟定，并在订立合同时未与对方协商的条款。采用格式条款订立合同的，提供格式条款的一方应当采取合理的方式提示对方注意与对方有重大利害关系的条款，按照对方的要求，对该条款予以说明。提供格式条款的一方未履行提示或者说明义务，致使对方没有注意或者没有理解与其有重大利害关系的条款的，对方可以主张该条款不成为合同的内容。故本案中，“差额补足”条款因是格式条款且未经说明，不成为合同内容。

民法典第496条

81 网购商品在快递途中、签收前毁损、灭失的风险由谁承担？

小胡在某电商平台买了一个花瓶。结果收到货一看，花瓶已经摔成了碎片。小胡的这个花瓶应该由谁买单？

民法典规定，通过互联网等信息网络订立的电子合同的标的为交付商品并采用快递物流方式交付的，收货人的签收时间为交付时间。标的物毁损、灭失的风险，在标的物交付之前由出卖人承担，交付之后由买受人承担，但是法律另有规定或者当事人另有约定的除外。故网购商品在快递途中、签收前毁损、灭失的风险由卖家承担，应该由卖家买单。

民法典第512条、第604条

82 什么是悬赏广告？悬赏人有什么义务？

朱富贵有一只心爱的宠物猪前几天走失了，朱富贵心急如焚，在村口张贴了一张告示，如果谁帮他找到小猪佩佩，他愿意支付1万元的感谢费。村里的韩超找到了佩佩，把它归还给朱富贵，并要求他支付1万元。朱富贵心疼钱，不愿意支付，他可以这样做吗？

民法典规定，悬赏人以公开方式声明对完成特定行为的人支付报酬的，完成该行为的人可以请求其支付。朱富贵通过在村口张贴告示的方式公开声明对找到小猪佩佩的人支付报酬，构成悬赏广告。韩超完成了寻找小猪佩佩的行为，韩超有权请求朱富贵支付。朱富贵应当支付。

民法典第499条

83 在订立合同过程中，一方存在恶意、隐瞒或其他违背诚信原则的行为的，应承担什么责任？

胡图今年粮食大丰收，准备卖个好价钱。来收粮食的石诚出价 2 万元，胡图说回家跟媳妇商量一下再做决定。石曼找到胡图，说愿意多出 5000 元买他的粮食。胡图于是拒绝了石诚，准备卖给石曼。结果石曼却说，你听错了，我是说少出 5000 元。胡图再去找其他买家，只卖出了 1.8 万元。胡图很生气，他能找石曼要求赔偿吗？

民法典规定，当事人在订立合同过程中有下列情形之一，造成对方损失的，应当承担赔偿责任：（1）假借订立合同，恶意进行磋商；（2）故意隐瞒与订立合同有关的重要事实或者提供虚假情况；（3）有其他违背诚信原则的行为。石曼假借与胡图订立买卖合同，恶意磋商，导致胡图少卖了 2000 元，石曼应当承担赔偿责任。

民法典第500条

84 合同里规定造成对方人身损害也免责的，是否可以不承担责任？

卢健办了一张健身卡，但是在健身的过程中，器材突然坏了，砸断了卢健的腿，于是卢健要求健身房赔偿。但是健身房说，在与卢健签订的合同中已约定，如果卢健在健身房受伤，健身房不承担任何责任。健身房能够免责吗？

民法典规定，合同中的下列免责条款无效：（1）造成对方人身损害的；（2）因故意或者重大过失造成对方财产损失的。健身房在与卢健的合同中约定，如果造成卢健受伤，健身房不承担责任。这个免责条款无效，健身房不能依据这个条款要求免责。

民法典第506条

85 合同成立后，合同的基础条件发生了当事人在订立合同时无法预见的、不属于商业风险的重大变化的，能否解除合同？

小李与某汽车公司签订买卖合同，约定购买 500 辆某型号小汽车，用于经营出租车。合同订立后，汽车交付前，当地政府公布新的汽车排放标准，小李购买的汽车根据此规定不能上路运营。小李 500 辆车的车款瞬间“打了水漂”。小李可以解除合同吗？

民法典规定，合同成立后，合同的基础条件发生了当事人在订立合同时无法预见的、不属于商业风险的重大变化，继续履行合同对于当事人一方明显不公平的，受不利影响的当事人可以与对方重新协商；在合理期限内协商不成的，当事人可以请求人民法院或者仲裁机构变更或者解除合同。本案中，由于政府的政策调整，小李订立合同的目的不能实现，构成情势变更，小李有权请求法院解除合同。

民法典第533条

86 因一方违约给另一方造成的损失，受损方可要求赔偿的范围如何？

汪星星是一名歌手，与某公司签订合同，由该公司为汪星星举办专场演唱会。演唱会门票一售即空。但到了演出当天，汪星星突然“人间蒸发”，导致演唱会不能如约举行。该公司向已购票的观众退票，前前后后赔了很多钱。该公司可要求汪星星赔偿损失的范围如何？

民法典规定，当事人一方不履行合同义务或者履行合同义务不符合约定的，在履行义务或者采取补救措施后，对方还有其他损失的，应当赔偿损失。因汪星星违约，其对该公司的赔偿既应该包括该公司为准备演唱会支出的费用，还应该包括该公司因取消演唱会遭受的利润损失。

民法典第583条

87 什么是“定金罚则”？

白云大娘有一个清朝的瓷碗，顾东凡听说之后找到白云大娘购买，并支付了 2 万元定金。谁知白云大娘刚拿到钱，瓷碗就被孙子打碎了。白云大娘赶紧找到顾东凡，想退还定金，但是顾东凡却说，白云大娘应当给他 4 万元。顾东凡的说法正确吗？

民法典规定，当事人可以约定一方向对方给付定金作为债权的担保。定金合同自实际交付定金时成立。债务人履行债务的，定金应当抵作价款或者收回。给付定金的一方不履行债务或者履行债务不符合约定，致使不能实现合同目的的，无权请求返还定金；收受定金的一方不履行债务或者履行债务不符合约定，致使不能实现合同目的的，应当双倍返还定金。这也被称为“定金罚则”。白云大娘因为碗被摔碎了，不能履行债务，应当双倍返还定金，也就是还给顾东凡 4 万元。

民法典第586条第1款、第587条

88 同时约定违约金和定金的，二者可以同时适用吗？

小金和小银签订合同，同时约定了定金，即“小金先行支付给小银 1 万元作为担保，小金履行债务后，定金应当抵作价款；不履行约定债务的，无权要求返还定金。小银不履行约定的债务的，应当双倍返还定金”。合同同时约定了违约金条款，即“一方违约的，违约方向另一方支付 2 万元违约金”。后小金违约，造成小银 1 万元的损失。小银扣下定金 1 万元，还要求小金支付 2 万元违约金。小银的行为符合民法典的规定吗？

民法典规定，当事人既约定违约金，又约定定金的，一方违约时，对方可以选择适用违约金或者定金条款。定金不足以弥补一方违约造成的损失的，对方可以请求赔偿超过定金数额的损失。故 1 万元足够弥补小银的损失，小银不能再要求支付违约金。

民法典第588条

89 当事人因为不可抗力不能履行合同的，可以免除责任吗？

魏瓜瓜今年种的西瓜大丰收，被城里的水果超市看上了，签订了买卖合同，约定 7 月 3 日送到。魏瓜瓜 7 月 2 日开车送瓜的时候才发现，出村必须经过的那座桥断了，没法出村了，这可咋办呢？

民法典规定，当事人一方因不可抗力不能履行合同的，根据不可抗力的影响，部分或者全部免除责任，但是法律另有规定的除外。因不可抗力不能履行合同的，应当及时通知对方，以减轻可能给对方造成的损失，并应当在合理期限内提供证明。桥断了，魏瓜瓜不能提前知道，也无法避免，所以他遇到的是不可抗力，根据民法典的规定，他可以免除责任。同时，他应该及时通知水果超市，以便水果超市采取行动避免损失。

民法典第590条第1款

90 商品在交付之前损毁的，由买方还是卖方来承担责任？

金满堂今年玉米大丰收，也找到了一个很好的买家，双方约定，3 日一早买家开车来收玉米。谁知道，2 日晚上狂风暴雨，把玉米淋湿了。买家看到受潮的玉米，拒绝购买。金满堂却认为，合同已经签了，玉米受潮的损失应该由买家承担，这是正确的吗？

民法典规定，标的物毁损、灭失的风险，在标的物交付之前由出卖人承担，交付之后由买受人承担，但是法律另有规定或者当事人另有约定的除外。玉米受潮造成的损失，在交付给买家之前，是由金满堂承担的，而不是由买家承担。如果是玉米被买家收走之后再受潮，损失才由买家承担。这跟合同订立的时间没有关系。

民法典第604条

91 试用买卖的买受人试用期届满未作表示的，效力如何？

某商厦举办了某品牌电脑试用买卖活动。活动期间，顾客可办理试用手续；试用期间无须支付任何费用。同日，小夏与该商厦签订了一份合同，约定其所选用的电脑价值 5000 元，试用期为 7 天，自交付次日起算。试用期内小夏若同意购买，应向商厦支付价款；若不同意购买，则应将所选商品归还本商厦，无须支付任何费用。试用期结束后第二天，小夏没有作任何表示。商厦联系到小夏。小夏是否应购买该电脑？

民法典规定，行为人可以明示或者默示作出意思表示。沉默只有在有法律规定、当事人约定或者符合当事人之间的交易习惯时，才可以视为意思表示。试用买卖的买受人在试用期内可以购买标的物，也可以拒绝购买。试用期限届满，买受人对是否购买标的物未作表示的，视为购买。故小夏应购买该电脑。

民法典第140条、第638条第1款

92 民法典有直接规定交水费的义务吗？

小刚的奶奶常迟交水费，因为她发现，即使迟交水费也从来没有停过水。小刚认为这种行为是不对的，常催促奶奶交水费。奶奶说，难道法律有规定吗？这可把小刚问住了。那么，民法典有直接规定交水费的义务吗？

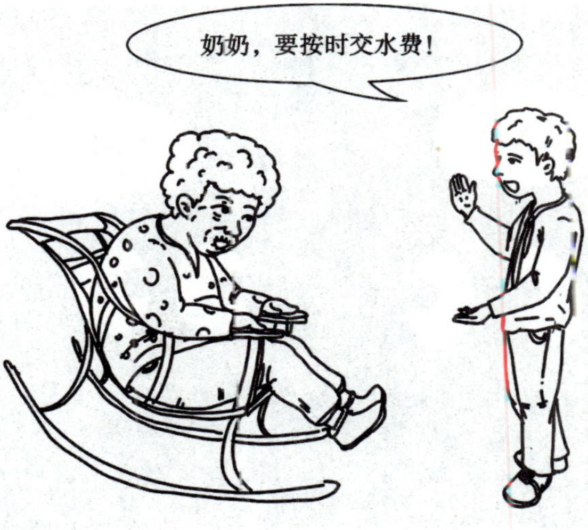

民法典规定，用电人应当按照国家有关规定和当事人的约定及时支付电费。用电人逾期不支付电费的，应当按照约定支付违约金。供用水合同参照适用供用电合同的规定。故大家都应该及时支付水费，这样做才符合民法典的规定。

民法典第654条、第656条

93 逾期不交电费的，供电人可以中止供电吗？

小张一家欠了电费，供电公司上门催缴过一次，小张不以为意，认为自己已经欠缴了却没有断电，现在不交电费也没有关系。某晚，小张一家在家吃饭时突然断电。供电公司这种中止供电的做法符合民法典规定吗？

民法典规定，用电人应当按照国家有关规定和当事人的约定及时支付电费。用电人逾期不支付电费的，应当按照约定支付违约金。经催告用电人在合理期限内仍不支付电费和违约金的，供电人可以按照国家规定的程序中止供电。供电人依据前款规定中止供电的，应当事先通知用电人。故本案例中，供电公司在提前通知了的情况下，可以中止供电。

民法典第654条

94 在赠与财产的权利转移之前，赠与人可以撤销赠与吗？

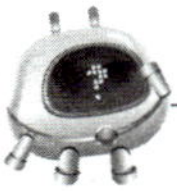

阿男为讨新女朋友阿图的欢心，一次随口答应要把自己价值10万元的名表送给她。一日，阿男携带该名表去找阿图的路上，偶遇阿图与另一名男子举止亲密，阿男非常生气。后二人如约见面，阿男表示决定不将手表赠与阿图。女方很不开心，认为阿男已经作出赠与的承诺，必须兑现。阿男撤销赠与的行为符合民法典规定吗？

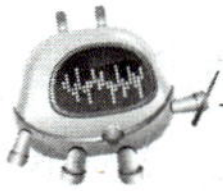

民法典规定，赠与人在赠与财产的权利转移之前可以撤销赠与。经过公证的赠与合同或者依法不得撤销的具有救灾、扶贫、助残等公益、道德义务性质的赠与合同，不适用前款规定。本案中，阿男约定送表的行为不属于公益、道德义务性质的赠与合同，故在财产权利转移之前，可以撤销赠与。

民法典第658条

95 赠与他人财产，可以提要求吗？

贺脱贫是村里的贫困户，之前村里为帮他脱贫，给他鸡和鸭子，让他养鸡养鸭，但都被他吃掉了。这一次，村里来了一个大学生"村官"，自掏腰包，买了一头小牛犊，让他养牛，并且要求他只能养大耕地，不能再吃掉。贺脱贫说："这次我一定好好生产，不再偷吃。"捐赠者能够提这样的要求吗？

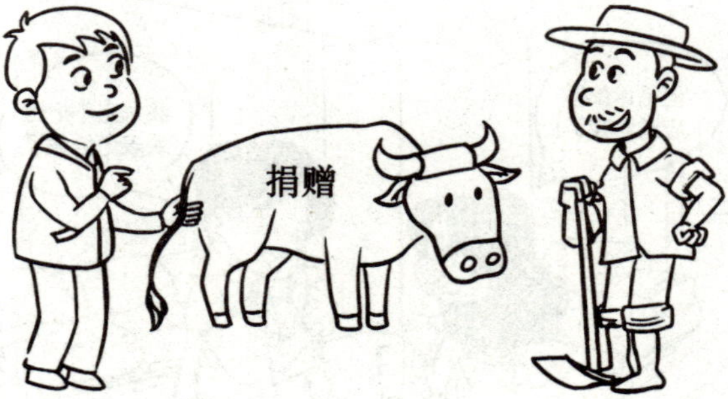

民法典规定，赠与可以附义务。赠与附义务的，受赠人应当按照约定履行义务。为了精准脱贫，提高贫困农民自力更生的能力，变"输血"为"造血"，大学生"村官"赠送给贺脱贫牛的同时附加了义务，贺脱贫应当按照约定喂养耕牛，而不能用于别的用途。

民法典第661条

96 银行提供贷款，可以要求借款人提供收入证明吗？

岳千大学毕业之后留在城里工作。他非常优秀，收入很高。岳千想在城里买房安家，但是家里条件比较差，于是岳千决定从银行贷款。银行要求岳千提供他的收入证明，以决定能借给他多少钱。银行这种要求是合理的吗？

民法典规定，订立借款合同，借款人应当按照贷款人的要求提供与借款有关的业务活动和财务状况的真实情况。银行与岳千之间订立借款合同，有权要求岳千提供与借款有关的收入证明等情况，以确定给他贷款的具体数额。

民法典第669条

97 高利放贷的行为符合民法典的规定吗？

近年来，社会上出现大量非法放贷，如“套路贷”“校园贷”，这些贷款往往利率极高，其存在严重影响金融秩序，严重影响人民群众的合法利益。民法典对高利放贷的行为有明确规定吗？

民法典明确规定，禁止高利放贷，借款的利率不得违反国家有关规定。

另外，《最高人民法院关于审理民间借贷案件适用法律若干问题的规定》规定，出借人请求借款人按照合同约定利率支付利息的，人民法院应予支持，但是借贷双方约定的利率超过合同成立时 1 年期贷款市场报价利率 4 倍的除外。

民法典第680条第1款

98 保证人什么时候可以拒绝向债权人承担保证责任？

小明向小刚借了 5 万元，小强答应若小明到期不能还钱，小强承担保证责任。后债务到期，小明未还钱，小刚直接要求小强承担保证责任。小强可以拒绝承担保证责任吗？

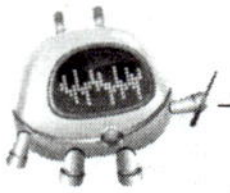

民法典规定，当事人在保证合同中约定，债务人不能履行债务时，由保证人承担保证责任的，为一般保证。一般保证的保证人在主合同纠纷未经审判或者仲裁，并就债务人财产依法强制执行仍不能履行债务前，有权拒绝向债权人承担保证责任，但以下情况除外：债务人下落不明且无财产可供执行；人民法院已经受理债务人破产案件；债权人有证据证明债务人的财产不足以履行全部债务或者丧失履行债务能力；保证人书面表示放弃本款规定的权利。本案中没有上述例外情形，故小强作为一般保证人可以拒绝承担保证责任。

民法典第687条

99 怎样理解出租人的“适租义务”？

小泉刚从外地搬来，匆忙联系了一位出租人找了一间房屋。在签订租房合同之前，为保证房屋质量，小泉在前一位租客还没搬走时去看了房，对房屋条件基本满意。可谁知，过了两天小泉要搬入该房时，她发现房子里堆满了垃圾，家具、下水道等都遭到了破坏，水电都不通，完全没有办法入住。此时出租人该如何处理呢？

民法典规定，出租人应当按照约定将租赁物交付承租人，并在租赁期限内保持租赁物符合约定的用途。出租人要保证小泉租的房子符合约定用途，即用来居住的房子适宜居住，故其须将该房屋修缮、整理为适宜居住的状态。

民法典第708条

100 租赁物需要维修时出租人未履行维修义务，承租人自行维修的，维修费用由谁负担？

小舟在单位附近租了一间房屋，但刚入住就发现出租屋内空调坏了。小舟通知房东要求其修理，但房东不予理会。无奈之下，小舟自己出钱请人修好了空调。这笔维修费用该由谁负担呢？

民法典规定，出租人应当履行租赁物的维修义务，但是当事人另有约定的除外。承租人在租赁物需要维修时可以请求出租人在合理期限内维修。出租人未履行维修义务的，承租人可以自行维修，维修费用由出租人负担。故本案中空调维修费应由出租人即房东负担。

民法典第712条、第713条

101 出租期间，租赁物损坏的，由谁来维修？

丁天一有一台闲置的拖拉机，租给了易天定，租期 1 年。易天定用了一天，拖拉机的发动机就坏了，无法使用。易天定找到丁天一理论，丁天一态度诚恳，承诺把车修好。拖拉机的维修义务通常应该由谁承担呢？

民法典规定，出租人应当按照约定将租赁物交付承租人，并在租赁期限内保持租赁物符合约定的用途。出租人应当履行租赁物的维修义务，但是当事人另有约定的除外。丁天一出租拖拉机 1 年，应当在这一年中保持拖拉机能够正常使用。拖拉机的发动机坏了，无法使用，应当由丁天一来承担维修义务。当然，如果他们约定由易天定承担维修义务，则由易天定承担。

民法典第708条、第712条

102 承租人按照约定使用租赁物，租赁物到期报废的，承租人要承担赔偿责任吗？

易天定租用丁天一的拖拉机3年了，拖拉机到了报废期，不能再使用了。丁天一找到易天定，要求易天定赔偿。易天定觉得他正常使用拖拉机，时间长了，拖拉机正常报废，责任不在自己，丁天一无权要求自己赔偿。他们谁说的有道理呢？

民法典规定，承租人按照约定的方法或者根据租赁物的性质使用租赁物，致使租赁物受到损耗的，不承担赔偿责任。易天定在租期内正常地使用拖拉机，拖拉机正常损耗，3年后自然到了报废期，他不用承担赔偿责任。

民法典第710条

103 承租人改变租赁物用途而使用的，是否合法？

范毅有一辆面包车，他经常开车拉货。后来范毅腿摔伤了，1 年内不能开车，就把车租给了村里的姚峰，租期 1 年。半年后，范毅突然发现，姚峰把面包车改成了卖食品的大篷车。范毅很生气，说姚峰弄坏了他的车。姚峰不以为然，说车租给自己了，怎么用是他自己的事。那么，姚峰的做法合法吗？

民法典规定，承租人应当按照约定的方法使用租赁物。对租赁物的使用方法没有约定或者约定不明确，依据民法典第 510 条的规定仍不能确定的，应当根据租赁物的性质使用。面包车的通常用途是载人或者载货，改造成大篷车卖食品不是它的通常用法。改造成大篷车之后，范毅不能再按照原来的方式使用面包车。所以，姚峰的做法违反了租赁合同的规定。

民法典第709条

104 房屋在租赁期限内被卖出的，新房主有权让原承租人搬走吗？

小欢一家租了一间房屋，租期为 1 年。可谁知刚住了 6 个月就有一名男子上门赶他们走，并声称自己已经买下了该房屋，有权将小欢一家赶走。该男子的做法符合民法典的规定吗？

民法典规定，租赁物在承租人按照租赁合同占有期限内发生所有权变动的，不影响租赁合同的效力。故房屋转让的行为不影响小欢一家的租赁合同，该男子的做法不符合民法典的规定。

民法典第725条

105 什么情况下转租是合法的？

小白大学刚毕业，租了一套两室一厅。但不久后小白发现自己一人承担房租有点吃力，故想把次卧转租出去。小白通知房东后，房东不置可否。小白找到人转租，并再次通知房东。8 个月后，房东因想收回房屋，对小白说其转租行为是非法转租，自己有权解除租赁合同。小白则认为，房东在知道小白转租的行为后 8 个月内都未提出异议，不应视该转租为非法转租。小白的转租行为是非法转租吗？

民法典规定，承租人经出租人同意，可以将租赁物转租给第三人。承租人转租的，承租人与出租人之间的租赁合同继续有效；第三人造成租赁物损失的，承租人应当赔偿损失。出租人知道或者应当知道承租人转租，但是在 6 个月内未提出异议的，视为出租人同意转租。故因房东 6 个月内未提出异议，小白的转租行为不是非法转租。

民法典第716条第1款、第718条

106 承租人订立合同时知道租赁物质量不合格，租赁物危及承租人安全的，可以解除合同吗？

董奶奶家境贫寒，只能以便宜的价格租住一个又破又小的房子，后来这个房子漏风漏雨。董奶奶住在里面一直生病，实在租不下去了。她找到房东，要求解除合同。房东说，之前你就看过了，这就是个破房子，现在怎么能后悔呢？董奶奶能要求解除合同吗？

民法典规定，租赁物危及承租人的安全或者健康的，即使承租人订立合同时明知该租赁物质量不合格，承租人仍然可以随时解除合同。董奶奶住在小房子里，身体健康已经受到损害，虽然她签订租房合同的时候已经知道房子的状况，但仍然有权解除合同。

民法典第731条

107 租赁期限届满，房屋承租人享有以同等条件优先承租的权利吗？

小汪租了一间房屋居住，本月底租期届满。因为该房屋所在位置离公司近，周边设施也便利，小汪打算续租。一日，房东突然带着一名男子来看房，小汪才知道房东要在自己租期届满后把房子租给别人，便表示愿意以与该男子同等的条件继续租赁该房屋。小汪此时有优先承租的权利吗？

民法典规定，租赁期限届满，承租人继续使用租赁物，出租人没有提出异议的，原租赁合同继续有效，但是租赁期限为不定期。租赁期限届满，房屋承租人享有以同等条件优先承租的权利。故小汪此时有优先承租的权利。

民法典第734条

108 高铁上"霸座"违反民法典的规定吗？

小和在高铁上强行霸占小纪的座位，小纪找来乘务员并出示了自己的车票。小和不理睬乘务员和小纪，继续"霸座"不起。小和的行为违反民法典的规定吗？

民法典规定，旅客应当按照有效客票记载的时间、班次和座位号乘坐。旅客无票乘坐、超程乘坐、越级乘坐或者持不符合减价条件的优惠客票乘坐的，应当补交票款，承运人可以按照规定加收票款；旅客不支付票款的，承运人可以拒绝运输。故小和"霸座"的行为违反了民法典的规定。

民法典第815条第1款

109 民法典有没有对“无票乘坐”“超程乘坐”等行为进行规范？

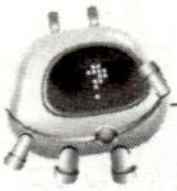

小黄和奶奶一起乘坐高铁。到了高铁站，奶奶说要买目的地前两站的票，这样可以省钱。小黄认为这样不对，说：“奶奶，咱们得按上下车车站买车票！”小黄的说法在民法典中有依据吗？

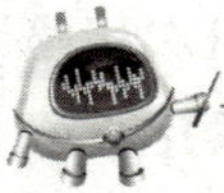

民法典规定，旅客无票乘坐、超程乘坐、越级乘坐或者持不符合减价条件的优惠客票乘坐的，应当补交票款，承运人可以按照规定加收票款；旅客不支付票款的，承运人可以拒绝运输。故小黄的说法是正确的，符合民法典的规定。

民法典第815条第1款

110 旅客行李中夹带危险物品，且不听承运人劝阻坚持携带的，承运人可以拒绝运输吗？

小齐赶“春运”大潮回家，还给家里准备了各种各样的年货，其中就包括一箱名为“蓝色烟花”的爆竹，他想带回去与家人分享这种特殊烟花的美丽。在火车站安检时，安检人员发现小齐携带烟花爆竹，便告知他这属于禁止携带的易燃、易爆危险物品，小齐须放弃携带才能上车。小齐认为这是他的私有物品，安检人员没有权利要求他放弃。如果小齐坚持携带，铁路部门可以拒绝小齐乘车吗？

民法典规定，旅客不得随身携带或者在行李中夹带易燃、易爆、有毒、有腐蚀性、有放射性以及可能危及运输工具上人身和财产安全的危险物品或者违禁物品。旅客违反前款规定的，承运人可以将危险物品或者违禁物品卸下、销毁或者送交有关部门。旅客坚持携带或者夹带危险物品或者违禁物品的，承运人应当拒绝运输。故若小齐执意携带该烟花，铁路部门可以拒绝小齐乘车。

民法典第818条

111 无偿保管中造成保管物毁损、灭失的，无偿保管人要承担赔偿责任吗？

小马去小李的修理厂修车，修理完毕后支付了修理费用，但因其在外地出差无法马上将车取走，于是提出将车寄放在小李处保管三天，待自己出差回来就取走。小李出于二人情谊，答应替小马无偿保管三天。因气象局发布暴雨预警，小李害怕修理厂被淹，于是做足了防洪准备，尤其将厂内汽车安置在了较高处，但奈何雨势过大，修理厂还是遭遇了一定程度的淹水，小马的车被淹而发生故障。小马可以要求小李承担赔偿责任吗？

民法典规定，保管期内，因保管人保管不善造成保管物毁损、灭失的，保管人应当承担赔偿责任。但是，无偿保管人证明自己没有故意或者重大过失的，不承担赔偿责任。小李作为无偿保管人没有故意或重大过失，故不承担赔偿责任。

民法典第897条

112 去超市购物，把包放到超市储物柜，这种行为算作保管吗？

公孙大娘去超市买菜，把随身携带的包存放在储物柜里，等她买完东西出来，发现存在储物柜里的包不见了。公孙大娘找到超市管理人员，超市管理人员说，公孙大娘把包放到储物柜里，并没有交给超市工作人员，所以超市没有保管她的包。超市的说法正确吗？

民法典规定，保管合同是保管人保管寄存人交付的保管物，并返还该物的合同。寄存人到保管人处从事购物、就餐、住宿等活动，将物品存放在指定场所的，视为保管，但是当事人另有约定或者另有交易习惯的除外。超市的储物柜是超市指定的存放物品场所，公孙大娘把包放到超市的储物柜，视为保管，超市的说法是不正确的。

民法典第888条

113 替别人保管耕牛，牛生下了一头小牛，小牛归谁所有？

老连头去城里照顾女儿和外孙女，临走前把家里的母牛委托给邻居老钟头。两年后，老连头回到村里，取回自己的牛，老钟头不但把母牛还给了老连头，还把母牛生下的小牛送给老连头。老连头夸老钟头真是个好人。那么，正常情况下小牛应该归谁所有呢？

民法典规定，保管期限届满或者寄存人提前领取保管物的，保管人应当将原物及其孳息归还寄存人。母牛属于保管的原物，母牛生下的小牛属于孳息，根据民法典的规定，原物和孳息都应该归老连头所有。

民法典第900条

114 物业公司具体有哪些义务呢？

小左近日又被催缴了物业费，他纳闷：业主向物业公司支付物业费，但物业公司的主要义务又是什么呢？

民法典规定，物业服务人应当按照约定和物业的使用性质，妥善维修、养护、清洁、绿化和经营管理物业服务区域内的业主共有部分，维护物业服务区域内的基本秩序，采取合理措施保护业主的人身、财产安全。对物业服务区域内违反有关治安、环保、消防等法律法规的行为，物业服务人应当及时采取合理措施制止、向有关行政主管部门报告并协助处理。

民法典第942条

115 物业公司有定期向业主公开信息的义务吗？

小天所在小区是老小区，物业公司一直都做得不到位，小区环境、清洁绿化不到位，收费项目不明，建筑物及附属设施维修费用等不明晰。小天认为物业公司有义务定期公开此类信息。小天的想法有法律依据吗？

民法典规定，物业服务人应当定期将服务的事项、负责人员、质量要求、收费项目、收费标准、履行情况，以及维修资金使用情况、业主共有部分的经营与收益情况等以合理方式向业主公开并向业主大会、业主委员会报告。故小天的想法有民法典的支持。

民法典第943条

116 业主要装修房屋的，需要事先告知物业公司吗？

达令最近刚买了一套新房子准备入住，他找好了室内设计师准备精装修一番。达令作为业主，要装修自己的房屋，需要事先告诉物业公司吗？

民法典规定，业主装饰装修房屋的，应当事先告知物业服务人，遵守物业服务人提示的合理注意事项，并配合其进行必要的现场检查。故达令需要事先将装修的计划告知物业公司，并配合必要工作。

民法典第945条第1款

117 业主认为自己没有接受物业服务，业主可以不交物业费吗？业主不交物业费，物业公司能够通过断水、断电等方式催交吗？

老郝跟着儿子一起进城，买了一套二手房，老郝觉得自己没有接受物业服务，拒交物业费。物业人员上门催交，威胁如果再不交费就断水。物业公司能够通过断水、断电等方式催交物业费吗？

民法典规定，业主应当按照约定向物业服务人支付物业费。物业服务人已经按照约定和有关规定提供服务的，业主不得以未接受或者无需接受相关物业服务为由拒绝支付物业费。业主违反约定逾期不支付物业费的，物业服务人可以催告其在合理期限内支付；合理期限届满仍不支付的，物业服务人可以提起诉讼或者申请仲裁。物业服务人不得采取停止供电、供水、供热、供燃气等方式催交物业费。虽然老郝觉得没有接受物业服务，但不能以此为由不交物业费。老郝不交费，物业人员可以催告或起诉，但不能采取停止供电、供水、供热、供燃气等方式催交物业费。

民法典第944条

118 中介隐瞒房子内曾经有人自杀的情况，让客户购买房屋，客户可以向中介维权吗？

方爷爷和方奶奶年纪大了，行动不便，子女又都在城里，他们决定到城里买房，跟孩子们一起居住。他们看中一套房子，中介说"风水"特别好，他们决定购买。后来老两口得知，这套房子曾经有人自杀，还有纠纷，无法过户，老两口越想越生气，要求中介退还中介费。他们有权这么做吗？

民法典规定，中介人应当就有关订立合同的事项向委托人如实报告。中介人故意隐瞒与订立合同有关的重要事实或者提供虚假情况，损害委托人利益的，不得请求支付报酬并应当承担赔偿责任。中介故意隐瞒关于这套房子的重要信息，提供虚假情况，不得请求支付报酬并应当承担赔偿责任。

民法典第962条

119 买方和卖方绕过中介，直接签订合同，中介可以要求他们支付中介费吗？

叶轩要卖房子，他把自己的房子挂到了中介，中介帮他找到了一位买房的人麦迪。叶轩和麦迪见面之后，才发现他俩是高中同学，彼此早就认识。他俩私下一商量，决定绕开中介，自己订立房屋买卖合同，办理过户。中介知道之后，可以要求二人支付中介费吗？

民法典规定，委托人在接受中介人的服务后，利用中介人提供的交易机会或者媒介服务，绕开中介人直接订立合同的，应当向中介人支付报酬。虽然麦迪和叶轩早就认识，但是他们的交易机会是中介提供的，所以，他们不能绕开中介直接订立合同，即使后来他们订立了合同，也应当向中介支付报酬。

民法典第965条

120 买东西时发现误放入购物袋里未结算的东西，应退回商家吗？

小鑫在玩具店买东西，回家后发现购物袋里有一个玩具车是他没有结账、被误放进来的。小鑫将玩具车拿回玩具店，对售货员说：“阿姨，这个不是我买的，是误放在我袋子里的，我带来还给您！”小鑫的做法有民法典的依据吗？

民法典规定，取得的利益没有法律根据的是不当得利。得利人知道或者应当知道取得的利益没有法律根据的，受损失的人可以请求得利人返还其取得的利益并依法赔偿损失。对小鑫来说，这个玩具车是不当得利，其退回玩具车的做法符合民法典的规定。

民法典第985条、第987条

121 在没有义务的情况下为他人管理事务的，可以要求受益人偿还必要费用吗？

小丽在公园里捡了一只受伤的小狗，便带回家照顾，支付检查治疗费用并购买狗粮。几天后，小丽和妈妈遛狗时碰到一个女孩，女孩说这只狗是她走失的宠物。小丽决定将狗还给女孩。此时小丽一家可以要求女孩偿还他们为照顾小狗支出的费用吗？

民法典规定，管理人没有法定的或者约定的义务，为避免他人利益受损失而管理他人事务的，可以请求受益人偿还因管理事务而支出的必要费用。故小丽一家照顾了女孩的狗并因此支付了费用，可以向其要求偿还为照顾小狗支出的费用。

民法典第979条

122 无因管理行为人在无因管理过程中受到损失的，可以向受益人请求适当补偿吗？

一日，小赵下班回家，发现邻居家门缝冒出缕缕黑烟，并伴有呛人的气味。小赵意识到可能是邻居家中起火，便破门而入，奋力救火。火被扑灭后，小赵衣物损毁，轻度烧伤，花费了一些医疗费用。小赵可以向邻居请求适当补偿吗？

民法典规定，管理人没有法定的或者约定的义务，为避免他人利益受损失而管理他人事务的，可以请求受益人偿还因管理事务而支出的必要费用；管理人因管理事务受到损失的，可以请求受益人给予适当补偿。故小赵可以向邻居请求适当补偿。

民法典第979条第1款

123 消费了饭店误上的食物的，是否需要付钱？

小秦在饭店吃饭，服务员误将他人点的一瓶啤酒上给他。小秦知道是上错了，但碰巧当日心情不错，想小酌两杯，便打开啤酒喝了起来。后服务员发现上错了酒，在结账时要求小秦将啤酒的钱一并结清。小秦认为，该饭店应该为自己的错误行为买单。小秦应该支付这瓶啤酒的钱吗？

民法典规定，得利人知道或者应当知道取得的利益没有法律根据的，受损失的人可以请求得利人返还其取得的利益并依法赔偿损失。故小秦应该支付酒钱。

民法典第987条

第四编　人格权

本编坚持以人民为中心，顺应人民群众对人格权保护的需求。人格权是民事主体享有的生命权、身体权、健康权、姓名权、名称权、肖像权、名誉权、荣誉权、隐私权等权利，关系到每一个人的切身利益。

与其他编在原有单行法基础上完善而成不同，本编属于新增内容。

人格权编共 6 章、51 条。

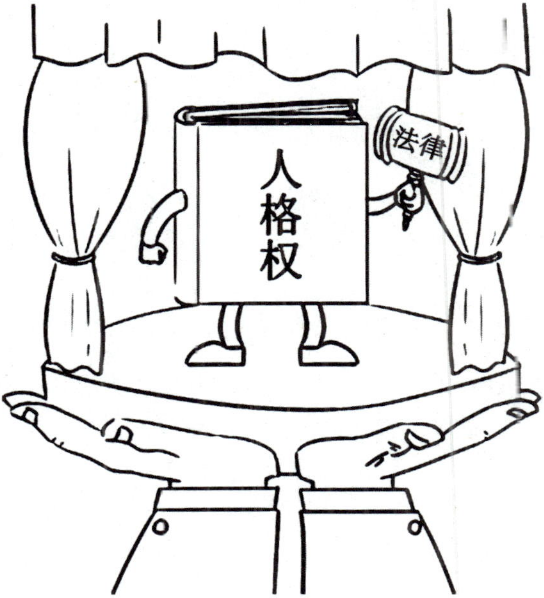

124 损害死者的声誉，是否侵犯其人格权？

小叶的父亲是一名军人，在一次战斗中牺牲，被评为烈士。林某与小叶是邻居，平时有矛盾，林某在网上散布谣言，说小叶的父亲不是牺牲，而是因为叛逃被击毙，造成了很坏的影响。小叶非常气愤。林某的行为违反民法典的规定了吗？

民法典规定，死者的姓名、肖像、名誉、荣誉、隐私、遗体等受到侵害的，其配偶、子女、父母有权依法请求行为人承担民事责任；死者没有配偶、子女且父母已经死亡的，其他近亲属有权依法请求行为人承担民事责任。小叶的父亲死后也享有名誉权、荣誉权，任何人不得诋毁，否则构成侵权。小叶作为烈士近亲属，可以维护父亲的名誉权。

民法典第994条

125 编造别人的犯罪故事，四处宣传抹黑，被侵权人如何维护自己的权利？

蒋怀化和邻居张大嘴因为宅基地的问题有矛盾，怀恨在心，想要抹黑张大嘴，让他在村子里抬不起头。于是，蒋怀化编造了张大嘴曾经犯强奸罪的故事，并且在村里四处张贴大字报。村民们信以为真，对张大嘴指指点点，给张大嘴的生活带来了很坏的影响。张大嘴应该怎么维护自己的权利？

民法典规定，人格权受到侵害的，受害人有权依照本法和其他法律的规定请求行为人承担民事责任。受害人的停止侵害、排除妨碍、消除危险、消除影响、恢复名誉、赔礼道歉请求权，不适用诉讼时效的规定。蒋怀化的行为侵犯了张大嘴的人格权，张大嘴可以要求蒋怀化承担民事责任。

民法典第995条

126 对损害他人人格权并造成严重精神损害的行为，可否要求承担精神损害赔偿？

小甜是一名平面模特。一日，她去某饭店用餐时，由于店员操作不慎，遭遇餐桌上的锅具爆炸，小甜容貌受损严重，她也因此遭受了严重的精神损害。小甜可以向该饭店请求精神损害赔偿吗？

民法典规定，因当事人一方的违约行为，损害对方人格权并造成严重精神损害，受损害方选择请求其承担违约责任的，不影响受损害方请求精神损害赔偿。故小甜可以向该饭店请求精神损害赔偿。

民法典第996条

127 因侵害人格权承担消除影响、恢复名誉、赔礼道歉等民事责任的，应以何种方式作出？

一日，小令看到某论坛上有一篇文章，虚构了小令插足盈盈婚姻的事情，大肆渲染，阅读量已达 10 万次以上。小令希望发布者和该论坛承担侵害其名誉权的民事责任，具体应以何种方式？

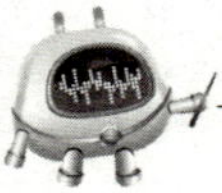

民法典规定，行为人因侵害人格权承担消除影响、恢复名誉、赔礼道歉等民事责任的，应当与行为的具体方式和造成的影响范围相当。行为人拒不承担前款规定的民事责任的，人民法院可以采取在报刊、网络等媒体上发布公告或者公布生效裁判文书等方式执行，产生的费用由行为人负担。故发布者和该论坛应在该论坛内澄清事实并赔礼道歉。该文章被转载到其他网络媒体的，发布者在相关网络媒体上也应澄清事实并赔礼道歉。

民法典第1000条

128 自然人死亡后，其他人可以决定捐献其人体细胞、人体组织、人体器官、遗体吗？

小靓（未婚）在一次车祸中不幸身亡。其父母闻讯赶到医院，情绪几近崩溃。但他们想到小靓生前就表示过，自己希望死后可以捐献遗体，便决定捐献小靓的遗体。他们可以决定捐献死者的遗体吗？

民法典规定，完全民事行为能力人有权依法自主决定无偿捐献其人体细胞、人体组织、人体器官、遗体。任何组织或者个人不得强迫、欺骗、利诱其捐献。完全民事行为能力人依据前款规定同意捐献的，应当采用书面形式，也可以订立遗嘱。自然人生前未表示不同意捐献的，该自然人死亡后，其配偶、成年子女、父母可以共同决定捐献，决定捐献应当采用书面形式。故小靓的父母共同决定后，可以书面形式捐献其遗体。

民法典第1006条

129 为了救命，购买人体器官，这种行为合法吗？

吉丙得了严重的肾病，需要肾移植，但是医院没有合适的肾源。吉丙身体一天不如一天，他的母亲病急乱求医，在“黑市”上找到了肾源，要求医院为吉丙移植。医院说，买卖人体器官是违法的，医院无法为其做移植手术。医院的说法是正确的吗？

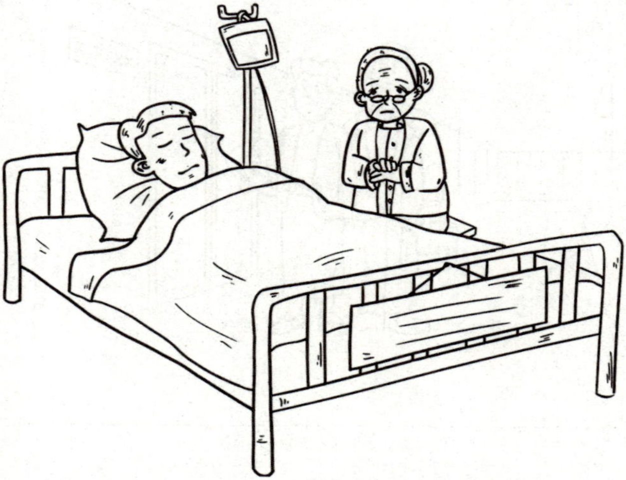

民法典规定，禁止以任何形式买卖人体细胞、人体组织、人体器官、遗体。违反前款规定的买卖行为无效。吉丙的母亲救子心切，可以理解，但是民法典禁止以任何形式买卖人体器官，吉丙母亲的行为已经违法，其买卖行为无效。

民法典第1007条

130 从事与人体基因、人体胚胎等有关的医学和科学研究应注意什么？

我国生命科学领域研究水平迅速提升，与人体基因、人体胚胎等有关的医学和科学研究成为重要领域之一。怎么样才能做到在合法的范围内从事相关医学和科研活动呢？

民法典规定，从事与人体基因、人体胚胎等有关的医学和科研活动，应当遵守法律、行政法规和国家有关规定，不得危害人体健康，不得违背伦理道德，不得损害公共利益。

民法典第1009条

131 对性骚扰行为，受害人可以请求行为人承担民事责任吗？

小丽是一名刚毕业的大学生，入职一家公司做文秘。小丽平时开朗大方、温柔可人，深受领导、同事喜爱。近日，小丽的上司辛总总是通过微信、电子邮件给小丽发一些挑逗性文字，有时甚至趁工作之机，对小丽进行亲密身体接触。小丽可以请求辛总承担民事责任吗？

民法典规定，违背他人意愿，以言语、文字、图像、肢体行为等方式对他人实施性骚扰的，受害人有权依法请求行为人承担民事责任。机关、企业、学校等单位应当采取合理的预防、受理投诉、调查处置等措施，防止和制止利用职权、从属关系等实施性骚扰。小丽可以请求辛总承担民事责任。同时，该公司也应实际调查并处理此事。

民法典第1010条

132 超市等经营场所可以搜查客户的身体吗？

一天放学后，婷婷一个人去超市帮妈妈买日用品。结账后准备离开时，一名保安过来拦住婷婷。该保安说怀疑婷婷偷拿东西没有结账，并强行对婷婷搜身检查。婷婷有权要求该保安承担民事责任吗？

民法典规定，以非法拘禁等方式剥夺、限制他人的行动自由，或者非法搜查他人身体的，受害人有权依法请求行为人承担民事责任。所以，超市保安无权搜查婷婷的身体，婷婷有权要求其承担民事责任。

民法典第1011条

133 未经他人许可使用他人名字做广告，是否构成侵权？

韩良获得了新概念作文竞赛的一等奖，好多培训班想请韩良做广告，都被他拒绝了。一天，他突然发现，一个培训班打着自己的旗号招生，培训班借用韩良名字做广告的行为是否构成对韩良的侵权？

民法典规定，任何组织或者个人不得以干涉、盗用、假冒等方式侵害他人的姓名权或者名称权。培训班未经韩良许可，使用他的姓名，侵犯了韩良的姓名权。

民法典第1014条

134 有一定知名度的网名受保护吗？

谭某自微博兴起之初，就利用自己的专业知识经营一个叫“老谭带你看天下”的微博号，如今粉丝已有 3000 万余人。一日，谭某看见其某粉丝转发了一条微博，微博来源是“老覃带你看天下”，粉丝 300 余人。谭某点进该微博，发现该微博内容均模仿“老谭带你看天下”微博，且频繁呼吁粉丝转发其微博。谭某认为“老覃带你看天下”微博号运营者侵害了他的姓名权，于法有据吗？

民法典规定，具有一定社会知名度，被他人使用足以造成公众混淆的笔名、艺名、网名、译名、字号、姓名和名称的简称等，参照适用姓名权和名称权保护的有关规定。任何组织或者个人不得以干涉、盗用、假冒等方式侵害他人的姓名权或者名称权。

民法典第1014条、第1017条

135 “AI 换脸”侵害人格权吗？

小花长相精致，气质出众，喜欢在网上晒自己的写真。一日她走在街上，发现自己的脸出现在某人流手术广告上。她又惊讶又愤怒，后经了解才知道，原来是有人利用“AI 换脸”技术，将她的脸放进了该广告中。这种“AI 换脸”侵害人格权吗？

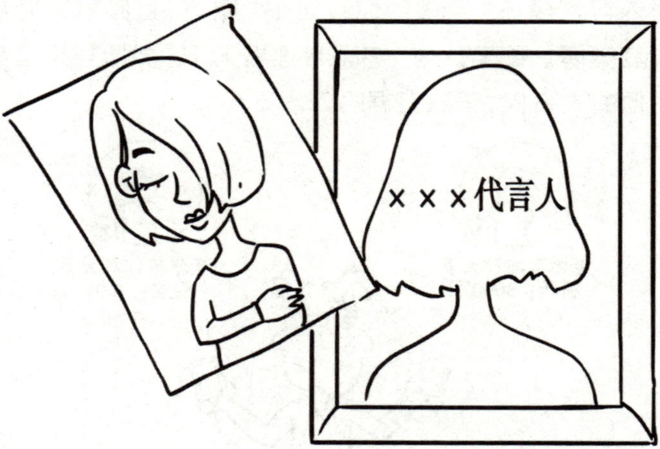

民法典规定，任何组织或者个人不得以丑化、污损，或者利用信息技术手段伪造等方式侵害他人的肖像权。未经肖像权人同意，不得制作、使用、公开肖像权人的肖像，但是法律另有规定的除外。未经肖像权人同意，肖像作品权利人不得以发表、复制、发行、出租、展览等方式使用或者公开肖像权人的肖像。故“AI 换脸”侵害了小花人格权中的肖像权。

民法典第1019条

136 自然人的声音受保护吗？

小文声线很有特点，常兼职做活动主持人等。近日，小文发现自己总被人指指点点。后小文得知，原来网上有一本有声读物听起来像他的声音，其中有一些不堪入耳的文字。小文才知道自己的声音被人恶意伪造了。小文的声音受法律保护吗？

民法典规定，对自然人声音的保护，参照适用肖像权保护的有关规定。任何组织或者个人不得以丑化、污损，或者利用信息技术手段伪造等方式侵害他人的肖像权。未经肖像权人同意，不得制作、使用、公开肖像权人的肖像，但是法律另有规定的除外。未经肖像权人同意，肖像作品权利人不得以发表、复制、发行、出租、展览等方式使用或者公开肖像权人的肖像。小文的声音受法律保护，具体参照适用肖像权保护的有关规定。

民法典第1019条、第1023条第2款

137 什么是名誉权？民法典是如何保护公民的名誉权的？

吴老师教书育人 20 年，桃李满天下。小丹是吴老师的学生，平时成绩很好，但是中考没有考好，小丹妈妈非常要强，不接受这个事实，到处散播吴老师误人子弟、收学生家长钱物等谣言，还张贴大字报。小丹妈妈的行为是否侵犯了吴老师的名誉权？

民法典规定，民事主体享有名誉权。任何组织或者个人不得以侮辱、诽谤等方式侵害他人的名誉权。名誉是对民事主体的品德、声望、才能、信用等的社会评价。小丹妈妈的行为侵犯了吴老师的名誉权。

民法典第1024条

138 什么是荣誉权？民法典是如何保护公民的荣誉权的？

小站的爷爷曾经是一名战斗英雄，获得过无数的荣誉。这一天，小站的作文《我的爷爷——我最敬佩的人》被老师评为范文，在全校朗读。同桌小鹏酸溜溜地对小站说："这肯定是你编的。"小站拿出爷爷佩戴奖章的照片。小鹏说："这肯定是你修改的，你爷爷就是一个糟老头。"小鹏的行为是否侵犯了小站爷爷的荣誉权？

民法典规定，民事主体享有荣誉权。任何组织或者个人不得非法剥夺他人的荣誉称号，不得诋毁、贬损他人的荣誉。小站爷爷获得的荣誉称号，属于其荣誉。小鹏诋毁、贬损小站爷爷，侵犯了其荣誉权。

民法典第1031条第1款

139 孩子可以随母亲姓或者其他人姓吗？

宋单传和唐一女都是独生子女，他们结婚后生了一个孩子，全家人都很喜欢这个孩子，但是宋单传和唐一女都希望孩子跟自己姓。宋单传很生气，认为哪有孩子不随爸爸姓的呢？唐一女觉得宋单传思想陈旧，她有权要求孩子随她姓。那么，这个孩子应该随谁姓呢？

民法典规定，自然人应当随父姓或者母姓，但是有下列情形之一的，可以在父姓和母姓之外选取姓氏：（1）选取其他直系长辈血亲的姓氏；（2）因由法定扶养人以外的人扶养而选取扶养人姓氏；（3）有不违背公序良俗的其他正当理由。少数民族自然人的姓氏可以遵从本民族的文化传统和风俗习惯。所以，这个孩子既可以姓宋，也可以姓唐，夫妻俩应该心平气和地决定孩子姓氏的问题。

民法典第1015条

140 新闻报道影响他人名誉的，需要承担责任吗？

李甲是一位女明星，最近更是因为插足某已婚导演家庭的事情被推上舆论的风口浪尖；经证实，李甲确实作为第三者破坏他人婚姻，各大新闻媒体争相报道。某娱乐新闻网记者对第三者深恶痛绝，故在新闻报道中，除陈述事实，还用了“荡妇”“破鞋”等侮辱性的言辞。该报道是否侵害了李甲的名誉权？报道者是否承担责任？

民法典规定，行为人为公共利益实施新闻报道、舆论监督等行为，影响他人名誉的，不承担民事责任　但是有下列情形之一的除外：（1）捏造、歪曲事实；（2）对他人提供的严重失实内容未尽到合理核实义务；（3）使用侮辱性言辞等贬损他人名誉。该新闻报道使用侮辱性言辞，侵害了李甲的名誉权，报道者须承担民事责任。

民法典第1025条

141 垃圾电话、垃圾短信等侵害隐私权吗？

小红最近每天都能接连收到垃圾电话、垃圾短信，即使小红严正警告并采取“拉黑”方式处理，但还是频频收到此类电话、短信。这让小红压力很大，使她精神几乎崩溃。此类垃圾电话、垃圾短信等侵害隐私权吗？

民法典规定，自然人享有隐私权。任何组织或者个人不得以刺探、侵扰、泄露、公开等方式侵害他人的隐私权。隐私是自然人的私人生活安宁和不愿为他人知晓的私密空间、私密活动、私密信息。除法律另有规定或者权利人明确同意外，任何组织或者个人不得以电话、短信、即时通讯工具、电子邮件、传单等方式侵扰他人的私人生活安宁。故拨打垃圾电话、发送垃圾短信等属于民法典禁止的侵害隐私权的行为。

民法典第1032条、第1033条第1项

142 在宾馆发现偷拍摄像头，该偷拍行为是否属于侵害隐私权的行为？

小奚一次出差时，入住某酒店，无意中发现酒店正对床的插座上有红点，故将插座拆下，结果发现其后隐藏一个针孔摄像头。此种偷拍行为是否属于民法典规定的侵害隐私权的行为？

民法典规定，除法律另有规定或者权利人明确同意外，任何组织或者个人不得实施进入、拍摄、窥视他人的住宅、宾馆房间等私密空间的行为。故此种偷拍行为属于侵害隐私权的行为。

民法典第1033条

143 个人信息受到法律何种保护？

现如今是数字化时代，垃圾短信、电信诈骗等无处不在。民法典关于个人信息保护有怎样的规定呢？

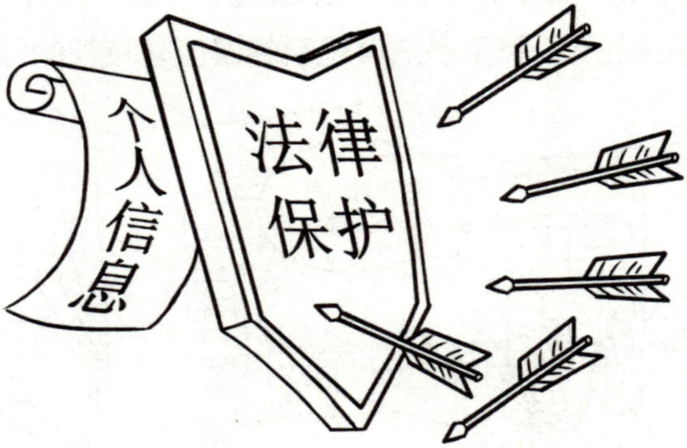

民法典规定，自然人的个人信息受法律保护。处理个人信息的，应当遵循合法、正当、必要原则，不得过度处理，并符合下列条件：（1）征得该自然人或者其监护人同意，但是法律、行政法规另有规定的除外；（2）公开处理信息的规则；（3）明示处理信息的目的、方式和范围；（4）不违反法律、行政法规的规定和双方的约定。个人信息的处理包括个人信息的收集、存储、使用、加工、传输、提供、公开等。信息处理者不得泄露或者篡改其收集、存储的个人信息；未经自然人同意，不得向他人非法提供其个人信息，但是经过加工无法识别特定个人且不能复原的除外。

民法典第1034条、第1035条、第1038条

第五编　婚姻家庭

婚姻家庭编调整的是婚姻家庭关系和亲属关系。
婚姻家庭关系涉及家家户户的利益。
民法典婚姻家庭编在婚姻法和收养法的基础上完善而成。
婚姻家庭编共 5 章、79 条。

144 父母都是爱自己的子女的，父母在子女婚姻问题上有决定权吗？

梁山山和祝英英是高中同学，两人相爱10年，准备结婚。但是，祝英英的爸爸不同意，逼着祝英英嫁给县长的儿子马文文。祝英英有权决定自己的婚姻吗？

民法典规定，结婚应当男女双方完全自愿，禁止任何一方对另一方加以强迫，禁止任何组织或者个人加以干涉。我国婚姻法一直强调结婚自由，民法典重申了这一原则。祝英英有权决定自己的婚姻，任何个人和组织，包括其父亲、马文文等都无权干涉。

民法典第1046条

145 法定结婚年龄是多少岁？男女是一样的吗？

钱青梅和孙竹马从小生活在一起，感情特别好。这一年，两个人都 20 岁了，孙竹马的父母认为，男人应该早点结婚成家，这样才算长大成人，钱青梅和孙竹马都同意了。那么，他们能结婚吗？

民法典规定，结婚年龄，男不得早于 22 周岁，女不得早于 20 周岁。钱青梅已经到了法定结婚年龄，而孙竹马还没有达到结婚年龄，民政部门无法为二人办理结婚登记，他们不能结婚。

民法典第1047条

146 亲属之间能结婚吗？民法典有哪些具体的规定？

戴玉的外婆是包玉的奶奶，戴玉母亲去世之后，戴玉就到外婆家跟包玉一起生活，他们感情非常好，到了结婚年龄，他们准备结婚。但二人遭到了包玉奶奶的反对，奶奶说他们是近亲属，不能结婚。奶奶说得对吗？

民法典规定，直系血亲或者三代以内的旁系血亲禁止结婚。直系血亲是指和自己有生与被生关系的亲属，包括父母、祖父母、外祖父母以及更上的直系长辈，和子女、孙子女、外孙子女以及更下的直系晚辈。三代以内旁系血亲是指在血缘上和自己同出于三代以内的亲属。包玉和戴玉算第一代；其父母算第二代；祖父母、外祖父母是第三代，对二人来说，第三代是同一个人即包玉的奶奶，所以他们是三代以内旁系血亲，法律禁止他们结婚。

民法典第1048条

147 一方患有重大疾病，在结婚登记前隐瞒另一方的，婚姻效力如何？

魏某与白某经过相亲认识并结婚。后魏某无意中得知白某实际上患有重大疾病，却故意隐瞒了自己，非常生气。魏某可以去法院请求撤销婚姻吗？

民法典规定，一方患有重大疾病的，应当在结婚登记前如实告知另一方；不如实告知的，另一方可以向人民法院请求撤销婚姻。请求撤销婚姻的，应当自知道或者应当知道撤销事由之日起 1 年内提出。故魏某在知道该情况 1 年内，可以向人民法院请求撤销婚姻。

民法典第1053条

148 夫妻一方可以干涉另一方工作、学习和社会活动吗？

老胡与老陈结婚多年。二人退休后各自培养了自己的爱好，老胡白天去下棋，老陈则出去跳广场舞。老胡认为自己的老伴儿每天在公园扭来扭去有伤大雅，便阻止老陈去跳广场舞，认为她这样丢了自己的脸。老胡限制老陈业余生活的行为合法吗？

民法典规定，夫妻双方都有参加生产、工作、学习和社会活动的自由，一方不得对另一方加以限制或者干涉。故老胡不得限制或干涉妻子老陈跳广场舞。

民法典第1057条

149 夫妻任何一方可以对子女不管不顾吗？

小贾和小甄婚后育有一子，小甄为照顾家庭辞去工作，做了家庭主妇。小贾每日下班回到家吃完饭就打游戏，从不过问孩子的事情。小贾认为他已经承担了挣钱养家的义务，抚养、教育孩子的事情理应由小甄负责。请问小贾的想法对吗？

民法典规定，夫妻双方平等享有对未成年子女抚养、教育和保护的权利，共同承担对未成年子女抚养、教育和保护的义务。故小贾应与小甄共同承担对未成年子女抚养、教育和保护的义务。小贾的想法不符合民法典的规定。

民法典第1058条

150 需要扶养的一方，在另一方不履行扶养义务时，有要求其给付扶养费的权利吗？

李雷和韩梅结婚多年，后韩梅突发疾病，只能卧病在床。李雷嫌她年老色衰，不愿照顾扶养她。韩梅有权要求李雷给付扶养费吗？

民法典规定，夫妻有相互扶养的义务。需要扶养的一方，在另一方不履行扶养义务时，有要求其给付扶养费的权利。故韩梅有权要求李雷给付扶养费。

民法典第1059条

151 夫妻中的一方对外实施了民事法律行为，另一方不同意，该法律行为有效吗？

吕迪梅从单毅的店里买了一套健身器材，单毅以市场价卖给了她，约定 7 天无理由退款。第十天，吕迪梅和丈夫南霸泉来到店里，南霸泉要求退货，理由是，家里是自己做主，吕迪梅没有经过自己同意就买东西，是无效的。南霸泉的理由合理吗？

民法典规定，夫妻一方因家庭日常生活需要而实施的民事法律行为，对夫妻双方发生效力，但是夫妻一方与相对人另有约定的除外。夫妻之间对一方可以实施的民事法律行为范围的限制，不得对抗善意相对人。吕迪梅购买健身器材属于家庭日常生活需要，其购买行为对夫妻双方发生效力。即使吕迪梅和南霸泉对家庭事务有约定，也不能对抗善意相对人单毅。所以，南霸泉的要求是不合理的。

民法典第1060条

152 根据民法典的规定，哪些财产属于夫妻共同财产？

马克和丫丫从小一起在村里长大，一起考上大学，留在大城市生活。他们结婚之后，小两口决定一起努力生活，努力攒钱，把日子过得红红火火。那么，哪些收入是他们夫妻的共同财产呢？

民法典规定，夫妻在婚姻关系存续期间所得的下列财产，为夫妻的共同财产，归夫妻共同所有：（1）工资、奖金、劳务报酬；（2）生产、经营、投资的收益；（3）知识产权的收益；（4）继承或者受赠的财产，但是遗嘱或者赠与合同中确定只归一方的财产除外；（5）其他应当归共同所有的财产。夫妻对共同财产，有平等的处理权。

民法典第1062条

153 夫妻一方在婚姻关系存续期间以个人名义超出家庭日常生活需要所负的债务，是夫妻共同债务吗？

张三和李四结婚期间，张三培养起了收集手办的爱好，常花很多钱购买自己喜欢的手办，甚至不惜借钱买手办。李四多次与张三讨论此事，要求他理性消费。一日，一男子带着欠条找上门来。原来张三再次为了买手办借了一大笔钱，现在张三无力还款，该男子要求李四还钱。李四认为该笔钱是张三以个人名义超出家庭日常需要所负的债务，不是夫妻共同债务。这种想法正确吗？

民法典规定，夫妻双方共同签名或者夫妻一方事后追认等共同意思表示所负的债务，以及夫妻一方在婚姻关系存续期间以个人名义为家庭日常生活需要所负的债务，属于夫妻共同债务。夫妻一方在婚姻关系存续期间以个人名义超出家庭日常生活需要所负的债务，不属于夫妻共同债务。张三这笔债务是以个人名义超出家庭日常生活需要所负的，故不是夫妻共同债务。

民法典第1064条

154 父母不履行抚养义务的，未成年子女有要求父母给付抚养费的权利吗？

小菊今年 10 周岁，其母亲过世后，其父亲将其放在爷爷家，对其不管不顾。小菊可以要求父亲给付抚养费吗？

民法典规定，父母不履行抚养义务的，未成年子女有要求父母给付抚养费的权利。小菊的父亲不履行对小菊的抚养义务，小菊有权利要求父亲给付抚养费。

民法典第1067条

155 成年子女不履行赡养义务的，父母该怎样维护自己的权利？

老白头有一个儿子白燕郎，很小的时候就出门打工，后来做了大老板，很有钱。但是，白燕郎很少回家看望老白头，也从不给老白头寄钱。老白头年纪大了，也没有收入来源，生活很困难，老白头有权要求儿子养他吗？

民法典规定，成年子女不履行赡养义务的，缺乏劳动能力或者生活困难的父母，有要求成年子女给付赡养费的权利。白燕郎是一个成年人，他有义务赡养自己的父亲老白头。他不履行赡养老白头的义务，老白头可以要求他支付赡养费。

民法典第1067条第2款

156 未成年子女造成他人损害的，父母需要负责任吗？

小张带儿子出门逛街。路上，小张儿子看到一名女子手里拿了一个很好看的花瓶 便上前抢夺，导致花瓶摔在地上破裂。后了解到该花瓶价值不菲。小张对儿子造成他人损害的行为应当承担责任吗？

民法典规定，父母有教育、保护未成年子女的权利和义务。未成年子女造成他人损害的，父母应当依法承担民事责任。故小张对儿子造成他人损害的行为应当承担责任。

民法典第1068条

157 非婚生子女与婚生子女享有的权利一样吗？

小张夫妻俩婚内育有一女彤彤。后小张将其非婚生的儿子亮亮接回家，四人生活在一起。作为非婚生子女的亮亮，在权利上与彤彤有什么不同吗？

民法典规定，非婚生子女享有与婚生子女同等的权利，任何组织或者个人不得加以危害和歧视。故亮亮与彤彤享有同等的权利。

民法典第1071条第1款

158 不直接抚养非婚生子女的生父或者生母，应当负担未成年子女的抚养费吗？

11 岁的小丽是非婚生子女，其同父亲共同生活，由父亲直接抚养。小丽的母亲是否应当承担其抚养费呢？

民法典规定，不直接抚养非婚生子女的生父或者生母，应当负担未成年子女或者不能独立生活的成年子女的抚养费。故小丽的母亲应当承担其抚养费。

民法典第1071条第2款

159 老年人要跟别人结婚的，子女能否阻止？

郑牛郎和韩织女青梅竹马，年轻的时候因为家里阻挠，没有在一起，各自成家。两人晚年先后丧偶，希望能够再续前缘，组成家庭。韩织女担心自己的子女会反对他们结婚，甚至不赡养自己。郑牛郎说：“你放心，法律规定，子女对父母有赡养义务，跟你再不再嫁没关系。”郑牛郎说得对吗？

民法典规定，子女应当尊重父母的婚姻权利，不得干涉父母离婚、再婚以及婚后的生活。子女对父母的赡养义务，不因父母的婚姻关系变化而终止。郑牛郎和韩织女有结婚的自由，不受子女的干涉。子女对他们的赡养义务也不因他们婚姻关系的变化而终止。最美不过夕阳红，郑牛郎和韩织女的婚姻和家庭权利受到民法典的保护。

民法典第1069条

160　继父母和继子女之间有怎样的权利义务关系？

袁园和方芳都有一段失败的婚姻，并且各自带着一个未成年孩子。后来，他们鼓起勇气再次走进婚姻。袁园总是担心方芳这个“后妈”会虐待自己的儿子，不过方芳是个善良的女人，把袁园的儿子当成了自己的孩子。在法律上，袁园的儿子同方芳的亲生子享有同等权利吗？

民法典规定，继父母与继子女间，不得虐待或者歧视。继父或者继母和受其抚养教育的继子女间的权利义务关系，适用民法典关于父母子女关系的规定。虽然方芳不是袁园儿子的亲生母亲，但是民法典规定他们之间的权利义务与亲生父母子女是一样的。我们希望，在民法典的保护下，在袁园、方芳的关爱下，两个孩子能够健康、快乐地成长。

民法典第1072条

161 可以请求法院确认亲子关系吗？

老吴妻子给他生了一个大胖小子，老吴喜欢得不行。近日老吴越看自己儿子越觉得奇怪，感觉儿子和自己长得越来越不像了。妻子最近与一位男性朋友的频繁接触也让他心里不舒服。一次体检，老吴发现自己的儿子是 A 型血，而自己和妻子都是 O 型血，便恍然大悟。老吴可以向法院起诉请求否认亲子关系吗？

民法典规定，对亲子关系有异议且有正当理由的，父或者母可以向人民法院提起诉讼，请求确认或者否认亲子关系。故老吴可以向法院提起诉讼，请求否认亲子关系。

民法典第1073条

162 有负担能力的祖父母、外祖父母，对于父母已经死亡或者父母无力抚养的未成年孙子女、外孙子女，有抚养的义务吗？

小芬 9 岁时父母双亡，身边只有爷爷奶奶，便同爷爷奶奶一同生活。小芬的爷爷奶奶对其有抚养义务吗？

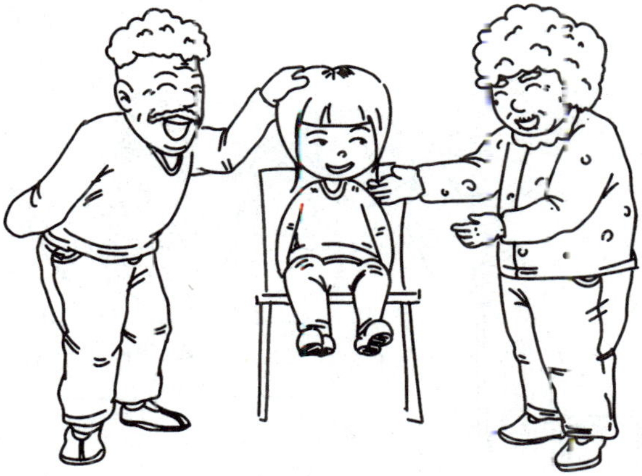

民法典规定，有负担能力的祖父母、外祖父母，对于父母已经死亡或者父母无力抚养的未成年孙子女、外孙子女，有抚养的义务。故小芬的爷爷奶奶对其有抚养义务。

民法典第1074条第1款

163 “离婚冷静期”是什么？

2021 年 3 月 4 日，妻子小吴和丈夫小龚因一顿饭大吵了一架，二人谁也不让着谁，执意要离婚。次日便向婚姻登记机关提交了离婚登记申请，却被告知 30 日后才能申请发给离婚证。这是怎么回事呢？

民法典规定，自婚姻登记机关收到离婚登记申请之日起 30 日内，任何一方不愿意离婚的，可以向婚姻登记机关撤回离婚登记申请。前款规定期限届满后 30 日内，双方应当亲自到婚姻登记机关申请发给离婚证；未申请的，视为撤回离婚登记申请。

民法典第1077条

164 婚姻内一方被另一方实施家庭暴力的，会被“劝和”吗？

安和与梅南结婚后，安和酗酒和暴力的陋习展现出来。他经常对梅南拳打脚踢，对梅南的精神和肉体百般折磨。梅南听说起诉离婚后，法官会进行调解，“劝和不劝分”，便一直不敢起诉离婚，害怕离婚不成反激怒了安和。这种情况下，梅南起诉离婚会被“劝和”吗？

民法典规定，夫妻一方实施家庭暴力或者虐待、遗弃家庭成员，调解无效的，应当准予离婚。故对梅南与安和调解无效的，应当准予离婚。

另外，民法典规定，夫妻一方实施家庭暴力，导致离婚的，无过错方有权请求损害赔偿。故梅南还有权请求损害赔偿。

民法典第1079条第3款第2项、第1091条

165 经人民法院判决不准离婚后，还有机会离婚吗？

小王和小赵起诉离婚，经人民法院判决不准离婚。但二人相互无法忍受，便分居生活。分居一段时间后，二人还可以起诉离婚吗？

民法典规定，经人民法院判决不准离婚后，双方又分居满 1 年，一方再次提起离婚诉讼的，应当准予离婚。

民法典第1079条第5款

166 民法典对于军婚有什么特殊的保护吗？

洪大哥在边疆当兵，一年也难回一趟家，家里里里外外都是洪大嫂一人操持。洪大哥很担心，洪大嫂这么能干，自己也没法照顾家，万一洪大嫂跟别人好了，要跟自己离婚怎么办？民法典有特殊的保护制度吗？

民法典规定，现役军人的配偶要求离婚，应当征得军人同意，但是军人一方有重大过错的除外。洪大哥是现役军人，民法典对其婚姻有特殊保护，洪大嫂若要求离婚，要征得洪大哥同意。只要洪大哥真心对待洪大嫂，相信善良能干的洪大嫂一定会与他白头到老。

民法典第1081条

167 父母离婚的，未成年子女应该由谁直接抚养？

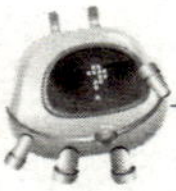

小淘上六年级的时候，爸爸妈妈离婚了。妈妈问小淘：“你愿意跟谁过？”小淘决定待在爸爸身边，与爸爸一同生活。小淘能够如愿由爸爸直接抚养吗？妈妈还是小淘的妈妈吗？

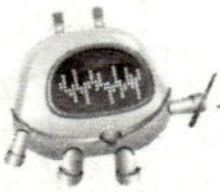

民法典规定，父母与子女间的关系，不因父母离婚而消除。离婚后，子女无论由父还是由母直接抚养，仍是父母双方的子女。离婚后，父母对于子女仍有抚养、教育、保护的权利和义务。离婚后，不满 2 周岁的子女，以由母亲直接抚养为原则。已满 2 周岁的子女，父母双方对抚养问题协议不成的，由人民法院根据双方的具体情况，按照最有利于未成年子女的原则判决。子女已满 8 周岁的，应当尊重其真实意愿。小淘已年满 8 周岁，对其抚养问题应尊重其意愿。虽然小淘的父母离婚了，但小淘与他们的亲子关系仍受民法典保护。

民法典第1084条

168 父母离婚之后，不直接抚养子女的一方应当承担抚养费吗？

倩倩的爸爸妈妈离婚的时候，爸爸的经济条件更好，他说倩倩的抚养费由他承担大部分。法院判决倩倩由爸爸抚养，并承担大部分抚养费。后来，倩倩的爸爸出了车祸，工作也没了，倩倩找到妈妈，希望妈妈承担抚养费。妈妈说："法院把你判给了你爸，找你爸去！"妈妈的说法正确吗？

民法典规定，离婚后，子女由一方直接抚养的，另一方应当负担部分或者全部抚养费。负担费用的多少和期限的长短，由双方协议；协议不成的，由人民法院判决。前款规定的协议或者判决，不妨碍子女在必要时向父母任何一方提出超过协议或者判决原定数额的合理要求。虽然法院判决倩倩由爸爸直接抚养，但是倩倩在必要时也有权向妈妈提出超过判决原定抚养费数额的合理要求。

民法典第1085条

169 离婚后，不直接抚养子女的一方如何行使探望子女的权利？

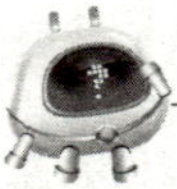

张甲和唐乙结婚后育有一子。后二人因故离婚，儿子被判给唐乙抚养。但因唐乙对张甲仍心怀怨念，每次张甲想探望儿子，都会被唐乙百般阻挠。唐乙这样的做法正确吗？

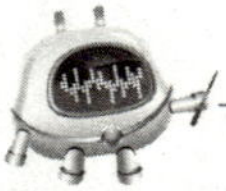

民法典规定，离婚后，不直接抚养子女的父或者母，有探望子女的权利，另一方有协助的义务。行使探望权利的方式、时间由当事人协议；协议不成的，由人民法院判决。故唐乙的做法不合法。张甲有探望儿子的权利，唐乙应该协助张甲行使探望权。

民法典第1086条第1款、第2款

170 父或者母探望子女，不利于子女身心健康的，可以要求其中止探望吗？

小皮的父母离婚后，其与母亲共同生活，其父亲定期探望他并支付抚养费。近期小皮父亲工作不顺心，探望小皮时常打骂他，小皮身体受到伤害的同时幼小的心灵也受到了打击。小皮母亲可以要求小皮父亲中止探望吗？

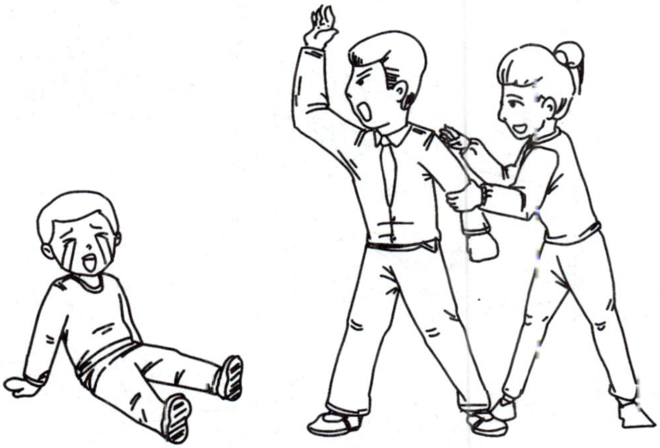

民法典规定，父或者母探望子女，不利于子女身心健康的，由人民法院依法中止探望；中止的事由消失后，应当恢复探望。故小皮母亲可以向法院提出申请中止小皮父亲探望小皮。

民法典第1086条第3款

171 丧失父母的孤儿可以被收养吗？

小美的父母在一场车祸中丧生，原本幸福美满的家庭突然破碎。小美可以被收养，重新感受来自家庭的照顾与温暖吗？

民法典规定，丧失父母的孤儿可以被收养。故小美可以依法被收养。

民法典第1093条第1项

172 照顾家人的全职太太在离婚时可以要求补偿吗？

钟小和何大结婚后育有一女。婚后为照顾孩子和家里的老人，二人协商，何大主外，钟小主内。钟小辞去工作，一心在家当家庭主妇，把家里打理得井井有条，老人、小孩也照顾得很好。几年后二人因故决定离婚，钟小认为自己牺牲工作一心照顾家庭，应该得到补偿，便向法院提出请求。请问钟小的请求可以得到法院支持吗？

民法典规定，夫妻一方因抚育子女、照料老年人、协助另一方工作等负担较多义务的，离婚时有权向另一方请求补偿，另一方应当给予补偿。具体办法由双方协议；协议不成的，由人民法院判决。故钟小的请求可以得到支持。

民法典第1088条

173 收养的条件是什么？

顾甲和许乙婚后育有一女，生活幸福美满。二人近年想再要一个孩子，但始终不成功，最终决定领养一个男孩，凑成一个“好”字。民法典对一般情况的收养有什么规定呢？

民法典规定，收养人应当同时具备下列条件：（1）无子女或者只有一名子女；（2）有抚养、教育和保护被收养人的能力；（3）未患有在医学上认为不应当收养子女的疾病；（4）无不利于被收养人健康成长的违法犯罪记录；（5）年满 30 周岁。无子女的收养人可以收养两名子女；有子女的收养人只能收养一名子女。收养孤儿、残疾未成年人或者儿童福利机构抚养的查找不到生父母的未成年人，可以不受前款和民法典第 1098 条第 1 项规定的限制。

民法典第1098条、第1100条

174 受到家庭暴力的一方，离婚后，有权要求赔偿吗？

鲍力脾气特别差，一不高兴就拿妻子和女儿出气，拳脚相加。妻子忍无可忍，跟鲍力离了婚。失败的婚姻给妻子和女儿带来了巨大的影响，妻子决心起诉鲍力，要求他承担赔偿责任，妻子的要求合法吗？

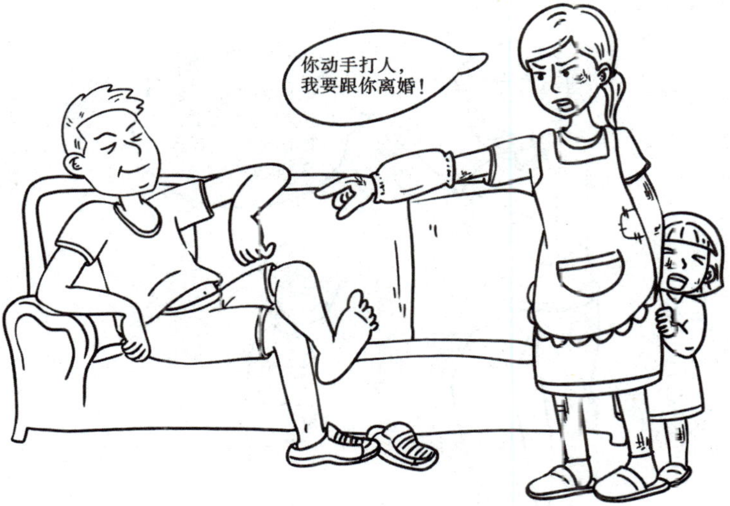

民法典规定，有下列情形之一，导致离婚的，无过错方有权请求损害赔偿：（1）重婚；（2）与他人同居；（3）实施家庭暴力；（4）虐待、遗弃家庭成员；（5）有其他重大过错。鲍力实施家庭暴力，导致离婚，妻子没有过错，有权请求损害赔偿。

民法典第1091条

175 有父母的未成年人，可以被收养吗？

冯小宝是一个非常淘气的孩子，总是惹妈妈生气。一天，冯小宝把幼儿园小朋友的头打破了，妈妈赔了对方 2 万元。妈妈气坏了，对冯小宝喊：“你再不听话，妈妈就不要你了，把你送给你二大爷当儿子！”如果真这样做，冯小宝可以被二大爷收养吗？

民法典规定，下列未成年人，可以被收养：（1）丧失父母的孤儿；（2）查找不到生父母的未成年人；（3）生父母有特殊困难无力抚养的子女。冯小宝的生父母健在，也有抚养能力，他的爸爸妈妈应该亲自抚养他，他不能被收养。

民法典第1093条

176 根据民法典的规定，哪些人能够作送养人？

东郭南和西门女结婚后一直没有孩子，他们希望能够领养一个孩子，给他温暖的家，体会家庭的温馨。他们本来想从乡下找人帮忙找个孩子，但是他们的律师朋友告诉他们，最好去儿童福利机构领养。那么，哪些个人和组织可以作送养人呢？

民法典规定，下列个人、组织可以作送养人：(1) 孤儿的监护人；(2) 儿童福利机构；(3) 有特殊困难无力抚养子女的生父母。儿童福利机构是符合民法典规定的送养人，东郭南夫妇可以在这里领养子女。本书提醒读者，收养子女，一定要核实送养人是否符合民法典规定的条件，避免成为拐卖儿童者的帮凶。

民法典第1094条

177 收养人在被收养人成年以前可以解除收养关系吗？

小李 3 年前通过合法手续收养了当时 7 周岁的小果。现在小李因不想继续抚养小果，提出要与小果解除收养关系。这种做法符合民法典的规定吗？

民法典规定，收养人在被收养人成年以前，不得解除收养关系，但是收养人、送养人双方协议解除的除外。故小李不能仅凭自己的意愿就与小果解除收养关系。

民法典第1104条第1款

178　收养人不履行抚养义务，有虐待、遗弃等侵害未成年养子女合法权益行为的，送养人应该怎么办？

老张收养了 12 周岁的小宝。老张平日喝了酒会动手打小宝，小宝痛苦不堪却又不知道该怎么办。民法典对这和情况是怎么规定的？

民法典规定，收养人不履行抚养义务，有虐待、遗弃等侵害未成年养子女合法权益行为的，送养人有权要求解除养父母与养子女间的收养关系。送养人、收养人不能达成解除收养关系协议的，可以向人民法院提起诉讼。故小宝的送养人可以按此规定处理。

民法典第1014条第2款

179 无配偶者可以收养异性子女吗？

陆路大学毕业后就一心发展事业，现如今 35 岁便已是公司总裁，只可惜仍是孑然一身。现在事业发展顺风顺水，他想收养一个女儿共同生活。陆路可以收养一名女孩吗？

民法典规定，无配偶者收养异性子女的，收养人与被收养人的年龄应当相差 40 周岁以上；但收养三代以内旁系同辈血亲的子女的，可不受该条限制。故陆路目前不可以收养一名女孩，除非该女孩是陆路三代以内旁系同辈血亲的女儿。

民法典第1102条、第1099条

第六编　继承

继承制度是关于自然人死亡后财富传承的制度。
随着经济的发展，继承问题引发了越来越高的社会关注。
民法典继承编在继承法的基础上完善而成。
继承编共 4 章、45 条。

180 可以放弃继承遗产吗？

小依的父母在其年幼时离异，小依一直跟着母亲生活，其父多年来对其置之不理。小依母子俩一直过着清贫的生活，有时实在没有生活费了，小依只能拉下脸去向父亲要钱，但得到的只是一顿打骂。后小依父亲病逝，他出于对小依的歉意，在遗嘱中写明，将自己名下两套房产分给小依。小依心中难以释怀对父亲的恨意，不愿意接受这笔遗产。小依可以放弃对遗产的继承吗？

民法典规定，继承开始后，继承人放弃继承的，应当在遗产处理前，以书面形式作出放弃继承的表示；没有表示的，视为接受继承。受遗赠人应当在知道受遗赠后60日内，作出接受或者放弃受遗赠的表示；到期没有表示的，视为放弃受遗赠。故小依可以放弃继承遗产，但须在遗产处理前以书面形式作出放弃继承的表示。

民法典第1124条

181 什么情形下继承人会丧失继承权？

慕容云出身豪门，近日他爷爷的突然过世让本就不平静的家族又起一浪。各继承人之间为争夺财产不惜大打出手。慕容云好奇，有哪些行为时，继承人会丧失继承权呢？

民法典规定，继承人有下列行为之一的，丧失继承权：(1)故意杀害被继承人；(2)为争夺遗产而杀害其他继承人；(3)遗弃被继承人，或者虐待被继承人情节严重；(4)伪造、篡改、隐匿或者销毁遗嘱，情节严重；(5)以欺诈、胁迫手段迫使或者妨碍被继承人设立、变更或者撤回遗嘱，情节严重。继承人有前款第3项至第5项行为，确有悔改表现，被继承人表示宽恕或者事后在遗嘱中将其列为继承人的，该继承人不丧失继承权。受遗赠人有前述五项行为之一的，丧失受遗赠权。

民法典第1125条

182 有些地方有财富"传男不传女"的传统，女孩有继承权吗？

付迪莫有一个弟弟，父母重男轻女，溺爱弟弟。付迪莫早早工作挣钱补贴家里，母亲生病后也一直照顾母亲。弟弟在家什么都不做，也从不照顾父母。母亲去世不久，父亲也病危了，但是父亲说家里的老房子和钱都会给弟弟，付迪莫没有继承权。那么，付迪莫有继承权吗？

民法典规定，继承权男女平等。付迪莫对父母尽到了赡养的义务，作为父母的子女，对父母的财产依法享有继承权；其父亲的说法是错误的。

民法典第1126条

183 遗产继承的顺序是什么？

小甄的丈夫最近去世了，没有留下遗嘱或遗赠扶养协议。小甄丈夫的爷爷奶奶、爸爸妈妈、弟弟还健在，小甄与丈夫二人没有孩子。小甄想知道，民法典关于遗产继承的顺序有什么规定呢？

民法典规定，遗产按照下列顺序继承：（1）第一顺序：配偶、子女、父母；（2）第二顺序：兄弟姐妹、祖父母、外祖父母。继承开始后，由第一顺序继承人继承，第二顺序继承人不继承；没有第一顺序继承人继承的，由第二顺序继承人继承。本编所称子女，包括婚生子女、非婚生子女、养子女和有扶养关系的继子女。此处所称父母，包括生父母、养父母和有扶养关系的继父母。此处所称兄弟姐妹，包括同父母的兄弟姐妹、同父异母或者同母异父的兄弟姐妹、养兄弟姐妹、有扶养关系的继兄弟姐妹。

民法典第1127条

184 侄子也可以继承叔叔的遗产吗？

李大、李中、李小是亲兄弟，三人年幼时父母双亡，相依为命，长大成人。李大后结婚并育有一儿李一；李中、李小终身未娶，孤独一身。李大于 2021 年死亡。李小于 2022 年死亡。此时李一站出来说，李中不是唯一法定继承人，自己也有权继承一部分李小的遗产。侄子李一可以继承李小的遗产吗？

民法典规定，被继承人的兄弟姐妹先于被继承人死亡的，由被继承人的兄弟姐妹的子女代位继承。故李一可以继承叔叔李小的遗产。

民法典第1128条第2款

185 孙子能代替已故父亲继承爷爷的财产吗？

朱元有 3 个儿子，分别为朱标、朱迪、朱英，长子朱标英年早逝，留下一个儿子朱文。朱元突然去世，朱文可以继承朱元的遗产吗？

民法典规定，被继承人的子女先于被继承人死亡的，由被继承人的子女的直系晚辈血亲代位继承。被继承人的兄弟姐妹先于被继承人死亡的，由被继承人的兄弟姐妹的子女代位继承。代位继承人一般只能继承被代位继承人有权继承的遗产份额。朱标去世之后，其子朱文可以代位继承朱元的遗产，但是其继承的份额一般只能是朱标原来的份额。

民法典第1128条

186 丧偶的儿媳、女婿可以继承公婆、岳父母的遗产吗？

王宝宝与薛贵贵结婚之后，薛贵贵外出打工，不幸去世。王宝宝照顾薛贵贵母亲的起居生活，履行了赡养义务，薛贵贵的母亲去世了，王宝宝可以继承薛母的遗产吗？

民法典规定，丧偶儿媳对公婆，丧偶女婿对岳父母，尽了主要赡养义务的，作为第一顺序继承人。故王宝宝可以继承薛母的遗产。

民法典第1129条

187 对被继承人尽了主要扶养义务或者与被继承人共同生活的继承人，分配遗产时，可以多分吗？

邓奶奶膝下有四个儿子和一个女儿。自从邓奶奶的丈夫去世后，她女儿就将其接到自己家一同生活，无微不至地照料。后邓奶奶去世，生前未立遗嘱。分配遗产时，邓奶奶的女儿可以多分吗？

民法典规定，对被继承人尽了主要扶养义务或者与被继承人共同生活的继承人，分配遗产时，可以多分。故邓奶奶的女儿在分配遗产时可以多分。

民法典第1130条第3款

188 自然人生前可以通过立遗嘱的方式将财产赠与法定继承人之外的组织吗？

焦献身是一位乡村教师，他把自己一生的事业献给了乡村教育事业。最近他的身体越来越差，于是写遗嘱处理自己的“身后事”。他将自己的房子留给了儿子，将自己的现金和所有藏书赠与自己教书10年的乡村学校。他有权这么做吗？

民法典规定，自然人可以依照本法规定立遗嘱处分个人财产，并可以指定遗嘱执行人。自然人可以立遗嘱将个人财产指定由法定继承人中的一人或者数人继承。自然人可以立遗嘱将个人财产赠与国家、集体或者法定继承人以外的组织、个人。自然人可以依法设立遗嘱信托。焦献身可以立遗嘱将个人财产指定由法定继承人中的一人即儿子继承，也可以将个人财产赠与法定继承人以外的组织即乡村学校。

民法典第1133条

189 可以立口头遗嘱吗？口头遗嘱失效的条件是什么？

老欧已经70多岁了，但身体一直都算硬朗。可谁知病来如山倒，一日，老欧突然晕倒被送到医院。老欧在医院短暂清醒，但仍生命垂危，他害怕自己随时会驾鹤西去，便叫来三位医生作见证人，立下口头遗嘱，之后便又陷入昏迷。不过，医生妙手回春，老欧手术后身体得以恢复，生活也可以自理了。此时，老欧手术前立下的口头遗嘱还有效吗？

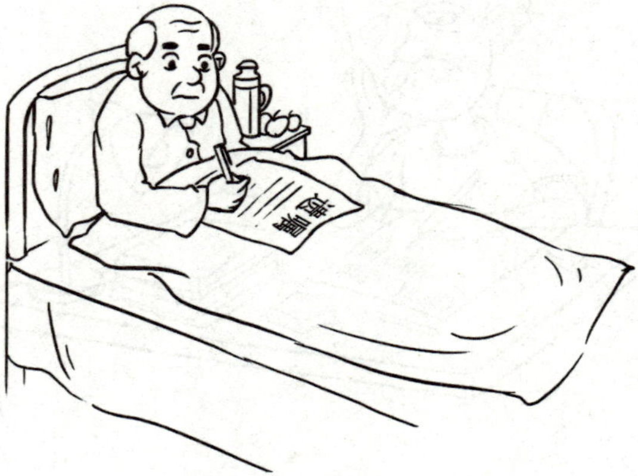

民法典规定，遗嘱人在危急情况下，可以立口头遗嘱。口头遗嘱应当有两个以上见证人在场见证。危急情况消除后，遗嘱人能够以书面或者录音录像形式立遗嘱的，所立的口头遗嘱无效。故老欧在危急情况下立的口头遗嘱有效，但现在危急情况已消除，且其可以以书面或者录音录像形式立遗嘱了，该口头遗嘱无效。

民法典第1138条

190 遗嘱有哪些形式？有多份遗嘱的，以哪一份为准呢？

乔老爷子一共有 6 个子女。他去世之后，每个子女各拿出一份遗嘱，主张乔老爷子把遗产留给了自己。那么，以哪一份遗嘱为准呢？

民法典规定，遗嘱可以有多种形式，包括口头遗嘱、公证遗嘱、打印遗嘱、代书遗嘱、录音录像遗嘱、自书遗嘱，这些形式都是合法的。遗嘱人可以撤回、变更自己所立的遗嘱。立遗嘱后，遗嘱人实施与遗嘱内容相反的民事法律行为的，视为对遗嘱相关内容的撤回。立有数份遗嘱，内容相抵触的，以最后的遗嘱为准。乔老爷子的 6 个子女所持遗嘱如果经鉴定都是合法的，那就应当以最后的那份遗嘱为准。

民法典第1134~1139条、第1142条

191 丈夫去世之后，妻子继承遗产并再婚的，可以带走前夫的遗产吗？

贾短短与秦可怜结婚后，一直努力工作，婚后他们购买了房子和车。但是，好景不长，贾短短心脏病突发去世。秦可怜继承了贾短短的财产。1 年后，秦可怜遇到了甄长长，两人很快结婚。贾短短的母亲非常气愤，要求秦可怜归还贾短短的财产。贾短短的母亲有权这么做吗？

民法典规定，夫妻一方死亡后另一方再婚的，有权处分所继承的财产，任何组织或者个人不得干涉。秦可怜有权决定自己的婚姻；再婚后，也有权处分自己所继承的财产。贾短短的母亲不得干涉。

民法典第1157条

192 什么是遗赠扶养协议？遗赠扶养协议有哪些内容？

老李是村里的“五保户”老人。随着年纪越来越大，老李越来越无法照顾自己，邻居老刘心地善良，总是照顾老李。老李希望能写个协议，在他去世后把他的财产赠与老刘。民法典对于这种情况是怎么规定的？

民法典规定，自然人可以与继承人以外的组织或者个人签订遗赠扶养协议。按照协议，该组织或者个人承担该自然人生养死葬的义务，享有受遗赠的权利。老李可以与老刘签订遗赠扶养协议，由老刘负责老李的生养死葬，老刘享有受老李遗赠的权利。

民法典第1158条

193 儿子放弃继承父亲遗产的，还需要承担父亲生前的债务吗？

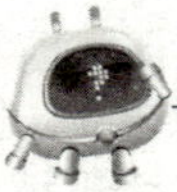

胡莱平时游手好闲、花天酒地。一天，他喝醉酒，掉进河里淹死了。他的儿子胡寿因为看不惯胡莱的作为，拒绝继承胡莱的遗产。又一天，高利突然拿着借条找上门来，借条是胡莱签的，胡莱欠高利 10 万元，高利要求胡寿还钱。胡寿应当还钱吗？

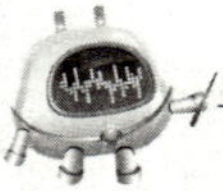

民法典规定，继承人以所得遗产实际价值为限清偿被继承人依法应当缴纳的税款和债务。超过遗产实际价值部分，继承人自愿偿还的不在此限。继承人放弃继承的，对被继承人依法应当缴纳的税款和债务可以不负清偿责任。胡寿放弃继承胡莱的财产，所以对于胡莱承担的债务，也可以不负清偿责任。

民法典第1161条

第七编　侵权责任

侵权责任是民事主体侵害他人权益应当承担的后果。
民法典侵权责任编在侵权责任法的基础上完善而成。
侵权责任编共 10 章、95 条。

194 自愿参加具有一定风险的文体活动受伤的，其他参与者要承担侵权责任吗？

小盖最近迷恋拳击，常去拳击馆练习。一日，在拳击练习过程中，小盖被打成软组织挫伤。和他一同进行拳击训练的人需要承担侵权责任吗？

民法典规定，自愿参加具有一定风险的文体活动，因其他参加者的行为受到损害的，受害人不得请求其他参加者承担侵权责任；但是，其他参加者对损害的发生有故意或者重大过失的除外。故和小盖一起进行训练的人无故意或重大过失的，不承担侵权责任。

民法典第1176条第1款

195 情况紧迫的时候，可以进行自力救济吗？

一日，小皮骑上自己新买的山地车出门。由于价格昂贵，小皮对爱车也是小心翼翼、爱护有加。在路上，小皮下车系个鞋带的工夫，有一个人过来企图抢走他的车。情急之下，小皮抢下该人的包，该人骑车逃走。小皮的做法正确吗？

民法典规定，合法权益受到侵害，情况紧迫且不能及时获得国家机关保护，不立即采取措施将使其合法权益受到难以弥补的损害的，受害人可以在保护自己合法权益的必要范围内采取扣留侵权人的财物等合理措施；但是，应当立即请求有关国家机关处理。受害人采取的措施不当造成他人损害的，应当承担侵权责任。故小皮自力救济的行为是合法的，并应马上报警处理。

民法典第1177条

196 造成他人人身伤害的，赔偿范围是什么？

小张因交通肇事，不慎将小郑撞伤。小郑入院治疗，同时向所在单位请了病假。对于给小郑造成的人身伤害，小张应当承担对哪些费用的赔偿责任呢？

民法典规定，侵害他人造成人身损害的，应当赔偿医疗费、护理费、交通费、营养费、住院伙食补助费等为治疗和康复支出的合理费用，以及因误工减少的收入。造成残疾的，还应当赔偿辅助器具费和残疾赔偿金；造成死亡的，还应当赔偿丧葬费和死亡赔偿金。

民法典第1179条

197 小孩造成他人损害的，监护人应承担怎样的责任？

小贝和小西在公园里玩耍，二人的父母在远处的树荫下谈笑风生。玩闹过程中，小西用木棍打到了小贝的头，小贝坐在地上大哭，小西的家长也前来查看情况。在此情况下，小西的父母是否应该为小西伤人的行为负责呢？

民法典规定，无民事行为能力人、限制民事行为能力人造成他人损害的，由监护人承担侵权责任。监护人尽到监护职责的，可以减轻其侵权责任。有财产的无民事行为能力人、限制民事行为能力人造成他人损害的，从本人财产中支付赔偿费用；不足部分，由监护人赔偿。故小西的父母作为其监护人，应承担侵权责任。

民法典第1188条

198 财产被他人侵害的，应该如何计算财产损失呢？

小熊和小毛在一起玩耍。小熊笨手笨脚，弄坏了小毛的布娃娃。小毛要求小熊赔偿，小熊答应了。但是，小毛说这个布娃娃价值 1 万元，小熊很生气，说一个布娃娃怎么那么贵啊。那么，如何计算小毛遭受的损失呢？

民法典规定，侵害他人财产的，财产损失按照损失发生时的市场价格或者其他合理方式计算。因此，应当根据市场价格或者其他合理的方式计算小毛遭受的损失。

民法典第1184条

199 心爱的物品被人损坏，精神上也受到严重损害的，可以请求精神损害赔偿吗？

白雪的母亲在她很小的时候就去世了，父亲娶了一个狠毒的女人，后妈经常虐待她，白雪只能捧着母亲的唯一遗物默默流泪。白雪成年后，遇到了男朋友白马，白马有暴力倾向，一次争吵中，白马摔碎了白雪母亲的遗物，白雪精神崩溃，患上了严重的精神疾病。白雪可以要求白马给予精神损害赔偿吗？

民法典规定，侵害自然人人身权益造成严重精神损害的，被侵权人有权请求精神损害赔偿。因故意或者重大过失侵害自然人具有人身意义的特定物造成严重精神损害的，被侵权人有权请求精神损害赔偿。白雪母亲的遗物对白雪有特殊的意义，白马故意损坏，并给白雪造成严重的精神损害，白雪有权要求白马给予精神损害赔偿。

民法典第1183条

200 员工在执行工作任务时造成他人损害的，所在公司应当承担责任吗？

文质斌是某公司的工程师，到工地考察。赵大强是建筑公司的员工。施工过程中，他不小心掉落一块砖头，把文质斌砸晕了。建筑公司经理赶到现场，让大家赶紧救人，所有费用公司先出。那么，对于文质斌受到的损害，谁应当承担责任？

民法典规定，用人单位的工作人员因执行工作任务造成他人损害的，由用人单位承担侵权责任。用人单位承担侵权责任后，可以向有故意或者重大过失的工作人员追偿。赵大强是建筑公司的员工，他在正常工作过程中造成文质斌受伤，应当由他的单位承担侵权责任。如果事后发现赵大强有故意或者重大过失，建筑公司可以向赵大强追偿。

民法典第1191条第1款

201 网络服务提供者在网络用户利用网络服务侵权中的责任是什么？

小张在某论坛发现一篇文章编造内容，对自己的名誉造成了极坏影响。该论坛作为网络服务提供者，应承担怎样的责任呢？

民法典规定，网络用户利用网络服务实施侵权行为的，权利人有权通知网络服务提供者采取删除、屏蔽、断开链接等必要措施。通知应当包括构成侵权的初步证据及权利人的真实身份信息。网络服务提供者接到通知后，应当及时将该通知转送相关网络用户，并根据构成侵权的初步证据和服务类型采取必要措施；未及时采取必要措施的，对损害的扩大部分与该网络用户承担连带责任。权利人因错误通知造成网络用户或者网络服务提供者损害的，应当承担侵权责任。法律另有规定的，依照其规定。

民法典第1195条

202 利用网络侵害他人民事权益的，行为人应当承担侵权责任吗？

小左和小右是班里学习最好的两个人，成绩总是不相上下。但是，小左最近获得了作文竞赛全国第一名，风头盖过了小右。小右很生气，就在网站上编造小左的获奖作文是请人代笔的等不实信息。小左知道了很生气，他能要求小右承担侵权责任吗？

民法典规定，网络用户、网络服务提供者利用网络侵害他人民事权益的，应当承担侵权责任。法律另有规定的，依照其规定。小右利用网络实施了侵害小左名誉权的行为，应当承担侵权责任。

民法典第1194条

203 在宾馆、商场等地方受到损害，可以要求宾馆、商场承担侵权责任吗？

小寒跟爸爸妈妈一起出去旅游，准备入住一家宾馆。小寒通过旋转门的时候，门突然失灵、停住了，夹伤了小寒的腿，爸爸妈妈赶紧把小寒送去医院。对于小寒受到的损害，宾馆要承担责任吗？

民法典规定，宾馆、商场、银行、车站、机场、体育场馆、娱乐场所等经营场所、公共场所的经营者、管理者或者群众性活动的组织者，未尽到安全保障义务，造成他人损害的，应当承担侵权责任。因第三人的行为造成他人损害的，由第三人承担侵权责任；经营者、管理者或者组织者未尽到安全保障义务的，承担相应的补充责任。经营者、管理者或者组织者承担补充责任后，可以向第三人追偿。故对于小寒受到的损害，宾馆要承担责任。

民法典第1198条

204 学生在辅导班学习期间受到人身损害的，辅导班要承担侵权责任吗？

小勇 9 岁了，他参加了一个课外辅导班。课外辅导班开在一个破旧的房子里，门口的地面坑坑洼洼，很不好走。家长跟辅导班反映了好多次，希望他们修理，辅导班都置之不理。一天，小勇上课时路过这里，被绊倒，摔掉了两颗门牙。对此，辅导班要承担责任吗？

民法典规定，限制民事行为能力人在学校或者其他教育机构学习、生活期间受到人身损害，学校或者其他教育机构未尽到教育、管理职责的，应当承担侵权责任。小勇在上辅导班期间受到损害，辅导班没有尽到管理职责，故应当承担侵权责任。

民法典第1200条

205 孩子在学校被第三人伤害的，谁来承担侵权责任？

咕咕今年 10 周岁了，在某小学上四年级。一日，有一个男子冲向该小学，对校园里的人进行无差别攻击，咕咕被刺伤，后被送进医院救治。谁来承担咕咕被伤害的侵权责任？

民法典规定，无民事行为能力人或者限制民事行为能力人在幼儿园、学校或者其他教育机构学习、生活期间，受到幼儿园、学校或者其他教育机构以外的第三人人身损害的，由第三人承担侵权责任；幼儿园、学校或者其他教育机构未尽到管理职责的，承担相应的补充责任。幼儿园、学校或者其他教育机构承担补充责任后，可以向第三人追偿。故由该男子承担侵权责任，学校承担补充责任。

民法典第1201条

206　无民事行为能力人在幼儿园受到老师的侵害，可以要求幼儿园承担责任吗？

冰冰是个4岁的小女孩，长得非常可爱。但是，幼儿园的老师很不喜欢她，经常打骂她，冰冰的身心都受到了很大的伤害。一天，冰冰的妈妈发现了这个事情，气愤不已，找到幼儿园，要求幼儿园承担赔偿责任。

民法典规定，无民事行为能力人在幼儿园、学校或者其他教育机构学习、生活期间受到人身损害的，幼儿园、学校或者其他教育机构应当承担侵权责任；但是，能够证明尽到教育、管理职责的，不承担侵权责任。冰冰只有4岁，是无民事行为能力人，冰冰在幼儿园期间受到老师的人身伤害，幼儿园应当承担侵权责任。

民法典第1199条

207 因产品缺陷造成损害的，应该向生产者还是销售者请求赔偿呢？

小何在某超市买了一箱酸奶，喝了三天，出现了腹泻等症状，去医院检查，确诊为急性肠胃炎。他怀疑是这箱牛奶有问题，于是拆开剩下的酸奶，发现每盒酸奶里都有绿色霉斑。此时小何应该向酸奶的生产者还是销售该酸奶的超市请求赔偿呢？

民法典规定，因产品存在缺陷造成他人损害的，被侵权人可以向产品的生产者请求赔偿，也可以向产品的销售者请求赔偿。产品缺陷由生产者造成的，销售者赔偿后，有权向生产者追偿。因销售者的过错使产品存在缺陷的，生产者赔偿后，有权向销售者追偿。故小何既可以向生产者，也可以向销售者请求赔偿。

民法典第1203条

208 产品责任中被侵权人有权要求惩罚性赔偿吗？

某品牌新研发了一款烤箱并投入市场。后屡次有消费者反映烤箱使用时间超过 1 小时会发出声响。生产商经研究发现，该批烤箱实际存在缺陷，故停止生产。但其想到本身投入市场的量就很小，加上抱有该缺陷不会引发重大事故的侥幸心理，未对该批烤箱进行召回等补救措施。小张在某专卖店购买了该批烤箱中的一台，结果烤箱发生了爆炸，小张受重伤住进了医院。除请求赔偿损害外，小张可以要求一定的惩罚性赔偿吗？

民法典规定，明知产品存在缺陷仍然生产、销售，或者没有依据前条规定采取有效补救措施，造成他人死亡或者健康严重损害的，被侵权人有权请求相应的惩罚性赔偿。故小张可以请求相应的惩罚性赔偿。

民法典第1207条

209 机动车发生交通事故造成损害的，由谁来赔偿？

李猛奎开车莽撞，有一次开车闯红灯，把正常行走的行人撞成重伤，产生了大额医疗费。这笔费用应该由谁承担？

民法典规定，机动车发生交通事故造成损害，属于该机动车一方责任的，先由承保机动车强制保险的保险人在强制保险责任限额范围内予以赔偿；不足部分，由承保机动车商业保险的保险人按照保险合同的约定予以赔偿；仍然不足或者没有投保机动车商业保险的，由侵权人赔偿。李猛奎对行人造成的损害，先由机动车强制保险（交强险）的保险人承担；不足的部分，由承保机动车商业保险的保险人承担；如果仍然不足或者李猛奎没有投保商业保险，只能由李猛奎个人承担。

民法典第1213条

210 借来的车发生交通事故造成损害的，具体赔偿责任如何承担？

小黄需要用车，但自己的车在修理厂修理，于是问好友小黑借车。小黑同意了，并再三嘱咐小黄要谨慎行驶。不料在路上，小黄因闯红灯撞倒了一名行人。对该行人造成的损害，具体赔偿责任该如何承担？

民法典规定，因租赁、借用等情形机动车所有人、管理人与使用人不是同一人时，发生交通事故造成损害，属于该机动车一方责任的，由机动车使用人承担赔偿责任；机动车所有人、管理人对损害的发生有过错的，承担相应的赔偿责任。小黑对损害发生没有过错，故应由小黄承担赔偿责任。

民法典第1209条

211 开车发生交通事故后逃逸的，具体赔偿责任应如何承担？

一日，小文开车时不小心撞倒了行人小华。见小华倒在地上一动不动，小文惊慌失措，驾车逃逸。后路人叫来救护车，将小华送去医院救治。对小华的赔偿责任，具体应如何承担？

民法典规定，机动车驾驶人发生交通事故后逃逸，该机动车参加强制保险的，由保险人在机动车强制保险责任限额范围内予以赔偿；机动车不明、该机动车未参加强制保险或者抢救费用超过机动车强制保险责任限额，需要支付被侵权人人身伤亡的抢救、丧葬等费用的，由道路交通事故社会救助基金垫付。道路交通事故社会救助基金垫付后，其管理机构有权向交通事故责任人追偿。故应按此规定赔偿，道路交通事故社会救助基金垫付后，其管理机构有权向小文追偿。

民法典第1216条

212 搭便车遇交通事故受到损害的，该机动车使用人该如何赔偿无偿搭乘人？

一日，小金需要去 10 公里外的某饭店用餐。得知同事小丁家住在该饭店附近，小金便提出想搭小丁的便车；小丁欣然同意。半路上，遇路面湿滑，小丁开的车不小心打滑撞向路边大树，坐在副驾驶座上的小金受了轻伤。作为无偿的好意施惠人，小丁要对小金受伤负怎样的责任？

民法典规定，非营运机动车发生交通事故造成无偿搭乘人损害，属于该机动车一方责任的，应当减轻其赔偿责任，但是机动车使用人有故意或者重大过失的除外。故小丁对小金的赔偿责任应适当减轻。

民法典第1217条

213 因为医疗事故受到损害的，可以向医院追究责任并要求赔偿吗？

沈大壮去医院做手术，手术后 1 年了，一直感觉肚子痛，后来去医院检查，发现肚子里有一块纱布，只能再做手术把纱布取出来。沈大壮能要求医院承担赔偿责任吗？

民法典规定，患者在诊疗活动中受到损害，医疗机构或者其医务人员有过错的，由医疗机构承担赔偿责任。医务人员在诊疗活动中未尽到与当时的医疗水平相应的诊疗义务，造成患者损害的，医疗机构应当承担赔偿责任。医生给患者做手术，不把纱布忘在患者肚子里是最基础的诊疗义务，因此，医生存在过错，给沈大壮造成了伤害，医院应当承担赔偿责任。

民法典第1218条、第1221条

214 手术前相关治疗风险等情况必须有患者或其近亲属的书面同意吗？

小马因患重病住院治疗。后因突发情况，需要马上动手术，医生将相关医疗风险、可能的并发症等情况向小马说明后，小马明确表示愿意接受手术。此时小马意识清醒，但双手无力无法签字，且近亲属也都不在本地。没有小马的书面签字同意，医院可以实施手术吗？

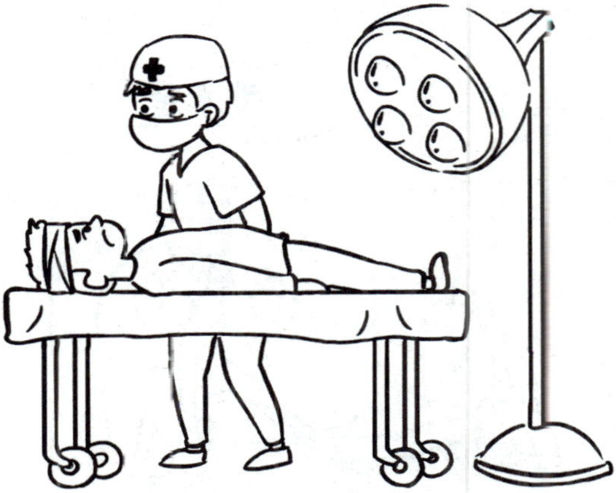

民法典规定，医务人员在诊疗活动中应当向患者说明病情和医疗措施。需要实施手术、特殊检查、特殊治疗的，医务人员应当及时向患者具体说明医疗风险、替代医疗方案等情况，并取得其明确同意；不能或者不宜向患者说明的，应当向患者的近亲属说明，并取得其明确同意。小马已明确表示同意，无须签字，医院可以实施手术。

民法典第1219条第1款

215 紧急情况下，不能取得患者或其近亲属意见的，医院能否直接实施医疗措施？

小庞嫁到外地后，现已到怀孕后期，由于丈夫常年出差在外，小庞的妈妈特地来照顾她。一日，小庞妈妈为给女儿煲汤，一大早就跑去数十公里外的市场买最新鲜的食材。不料小庞独自在家时突然大出血，自己叫了救护车。送去医院后小庞陷入昏迷，情况紧急需要马上手术，又联系不到她的近亲属。此时医院负责人可以直接决定实施手术吗？

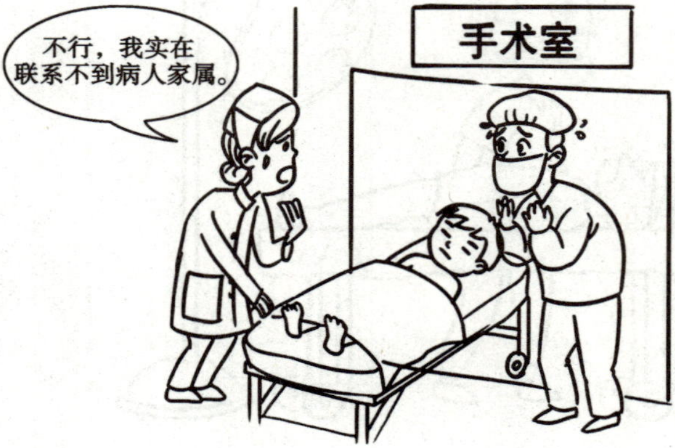

民法典规定，因抢救生命垂危的患者等紧急情况，不能取得患者或者其近亲属意见的，经医疗机构负责人或者授权的负责人批准，可以立即实施相应的医疗措施。故医院经负责人或授权的负责人批准，可以立即实施手术。

民法典第1220条

216 患者不配合治疗导致自己受到损害的，医院要承担赔偿责任吗？

老李患有糖尿病，医生再三嘱咐他不能饮酒，否则易引发低血糖昏迷，重则有生命危险。老李嘴上答应，实则不以为意，数次饮酒，最终导致低血糖昏迷，被送入医院抢救。医院要对其昏迷承担赔偿责任吗？

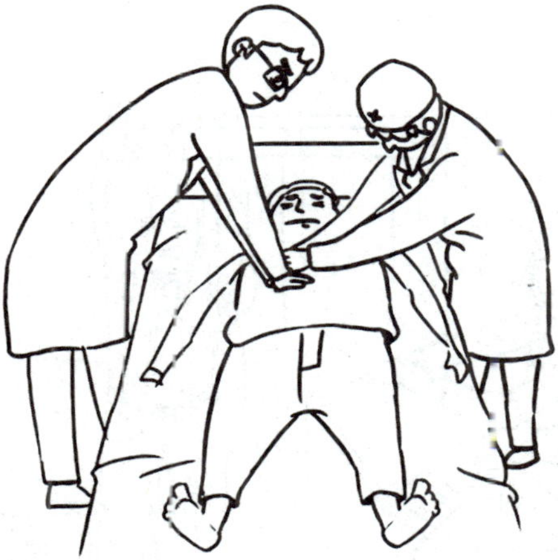

民法典规定，患者或者其近亲属不配合医疗机构进行符合诊疗规范的诊疗，患者在诊疗活动中受到损害的，医疗机构不承担赔偿责任。但医疗机构或者其医务人员也有过错的，应当承担相应的赔偿责任。本案中，医院及医务人员无过错，故该医院不对老李身体损害承担赔偿责任。

民法典第1224条

217 医院或医生泄露患者隐私的，应该承担责任吗？

老张因患性病去医院就诊。因觉得此事羞于启齿，老张专门嘱咐主治医生千万不能将此事泄露出去。某日老张无意中得知，其主治医生将其患病情况告诉了二人共同的熟人，并把这件事当作茶余饭后的谈资。老张怒不可遏，去医院找医生对质。对于这种泄露患者隐私的行为，医生应该承担责任吗？

民法典规定，医疗机构及其医务人员应当对患者的隐私和个人信息保密。泄露患者的隐私和个人信息，或者未经患者同意公开其病历资料的，应当承担侵权责任。故医生应该承担侵权责任。

民法典第1226条

218 医生在正常诊疗活动中遇到"医闹",可以要求其承担法律责任吗?

李医生是一名儿科大夫,每天尽心尽责为患者治病。有一名小患者,治疗效果一直不太好,患者的父亲非常气愤,总是在李医生给病人看病的时候骚扰他,扰乱了医疗秩序。该患者父亲需要承担法律责任吗?

民法典规定,医疗机构及其医务人员的合法权益受法律保护。干扰医疗秩序,妨碍医务人员工作、生活,侵害医务人员合法权益的,应当依法承担法律责任。该患者父亲干扰了医疗秩序,妨碍了李医生的工作,应当依法承担法律责任。

民法典第1228条

219 饲养的宠物看管不严，造成他人受伤的，应当承担什么责任？

牛二特别喜欢养狗，他托朋友帮忙，买到一只藏獒。一天，牛二带着藏獒散步，遇到一个小姑娘，藏獒突然大叫起来，并咬伤了小姑娘。小姑娘的父母要求牛二承担赔偿责任。牛二满不在乎地说："是狗咬的，又不是我咬的，凭什么我赔钱。"牛二需要承担赔偿责任吗？

民法典规定，禁止饲养的烈性犬等危险动物造成他人损害的，动物饲养人或者管理人应当承担侵权责任。牛二饲养的藏獒属于烈性犬，是高度危险的动物，牛二作为饲养人，应当看管好藏獒，避免伤人。但是，牛二没有看管好藏獒，对小姑娘造成伤害，应当承担侵权责任，对小姑娘进行赔偿。

民法典第1247条

220 故意逗狗人因被逗小狗遭受损害的，由谁承担侵权责任？

小红在路上看见一位女子在遛狗，便上前搭讪。女子提醒她不要逗狗，以免被自己的爱犬误伤。小红不顾狗主人提醒，越发肆无忌惮地挑衅该狗。小狗终于忍无可忍，狂吠不止，抓伤了小红。小红大惊失色，跌坐在地。对小红遭受的损害，狗主人应当承担责任吗？

民法典规定，饲养的动物造成他人损害的，动物饲养人或者管理人应当承担侵权责任；但是，能够证明损害是因被侵权人故意或者重大过失造成的，可以不承担或者减轻责任。本案中，小红在狗主人多次提醒与警告后仍大肆挑衅该狗，故狗主人可以不承担或减轻责任。

民法典第1245条

221 遗弃、逃逸的动物造成他人损害的，由谁承担侵权责任？

一日，路上一个小朋友无故被路边一只流浪狗咬伤了手。阿花路过时，定睛一看，原来这只狗并不是流浪狗，而是两周前跑丢的爱犬旺财。阿花一时喜极而泣，抱狗痛哭。小朋友被咬伤的侵权责任该由谁承担呢？

民法典规定，遗弃、逃逸的动物在遗弃、逃逸期间造成他人损害的，由动物原饲养人或者管理人承担侵权责任。故该由狗主人阿花承担侵权责任。

民法典第1249条

222 因为环境污染受到损害，可以要求侵权人承担责任吗？

小宝今年刚刚 3 周岁，原本身体健康、虎头虎脑。但是，3 个月前，家门口搬来一家污水处理厂，污水排放到小宝他们每天用水的河里，村里很多人都生病了。小宝因为年纪小，病得更重。污水处理厂需要对此承担责任吗？

民法典规定，因污染环境、破坏生态造成他人损害的，侵权人应当承担侵权责任。污水处理厂将河水污染，导致小宝生病，其应该承担相应的责任。

民法典第1229条

223 未经许可进入高度危险活动区域，导致自己受伤的，还能要求管理人承担责任吗？

小刚和小柔的家离学校很近，但因地铁施工，道路被封锁了，他们上学要绕很远的路。一天，小刚拉着小柔，翻过了工地的防护网，想从工地穿过，可以少走点儿路。但是，小刚不小心被工地的石块砸到，昏倒在地。小刚能够要求施工方承担责任吗？

民法典规定，未经许可进入高度危险活动区域或者高度危险物存放区域受到损害，管理人能够证明已经采取足够安全措施并尽到充分警示义务的，可以减轻或者不承担责任。小刚未经允许进入高度危险活动区域，管理人已经做了防护并警示说明，可以减轻或者不承担责任。

民法典第1243条

224 民法典如何保障“头顶上的安全”？

一日，张甲路过某建筑物，忽然被从楼上掉落的花盆砸倒在地，因伤势过重被送去医院救治。张甲一家为此需要支付高额的治疗费用。如何确定谁应该为张甲受到的损害负责呢？

民法典规定，禁止从建筑物中抛掷物品。从建筑物中抛掷物品或者从建筑物上坠落的物品造成他人损害的，由侵权人依法承担侵权责任；经调查难以确定具体侵权人的，除能够证明自己不是侵权人的外，由可能加害的建筑物使用人给予补偿。可能加害的建筑物使用人补偿后，有权向侵权人追偿。物业服务企业等建筑物管理人应当采取必要的安全保障措施防止前款规定情形的发生；未采取必要的安全保障措施的，应当依法承担未履行安全保障义务的侵权责任。发生上述情形的，公安等机关应当依法及时调查，查清责任人。

民法典第1254条

225 被果树上掉下来的果子砸伤了，可以要求谁来赔偿呢？

老林头的宅基地紧邻二级公路，他在路边种了果树。秋天，果树结满了果子，一颗果子落下来，正好砸在一个人头上，砸得那人头破血流。那人找到老林头，要求他赔偿。老林头要承担赔偿责任吗？

民法典规定，因林木折断、倾倒或者果实坠落等造成他人损害，林木的所有人或者管理人不能证明自己没有过错的，应当承担侵权责任。老林头在路边种果树，是果树的管理人；果子落下，造成他人损害，老林头不能证明自己没有过错的，应当承担相应的责任。

民法典第1257条